国际城市的理论与实践

——国际城市的形成机制、发展模式与形成路径

GUOJI CHENGSHI DE LILUN YU SHIJIAN

GUOJI CHENGSHI DE XINGCHENG JIZHI
FAZHAN MOSHI YU XINGCHENG LUJING

李丽萍／著

吉林出版集团股份有限公司

图书在版编目（CIP）数据

国际城市的理论与实践：国际城市的形成机制、发
展模式与形成路径 / 李丽萍著. -- 长春：吉林出版集
团股份有限公司，2015.12（2025.4重印）

ISBN 978 - 7 - 5534 - 9807 - 2

I . ①国… II . ①李… III . ①城市建设－研究－世界

IV . ①F299.1

中国版本图书馆 CIP 数据核字 (2016) 第 006850 号

国际城市的理论与实践——国际城市的形成机制、发展模式与形成路径

GUOJI CHENGSHI DE LILUN YU SHIJIAN——GUOJI CHENGSHI DE XINGCHENG JIZHI, FAZHAN MOSHI YU XINGCHENG LUJING

著　　者：	李丽萍
责任编辑：	杨晓天　　张兆金
封面设计：	韩枫工作室
出　　版：	吉林出版集团股份有限公司
发　　行：	吉林出版集团社科图书有限公司
电　　话：	0431 - 86012746
印　　刷：	三河市佳星印装有限公司
开　　本：	710mm×1000mm　　1/16
字　　数：	209 千字
印　　张：	12
版　　次：	2016 年 4 月第 1 版
印　　次：	2025 年 4 月第 3 次印刷
书　　号：	ISBN 978 - 7 - 5534 - 9807 - 2
定　　价：	56.00 元

目　录

第1章 绪 论

1.1 问题的提出

1.1.1 国际城市是城市化高级阶段的产物

城市是指非农业人口聚居地，是一定地域范围的政治、经济、科技、教育、文化中心。城市具有两个本质特征：其一，城市是承载一定规模非农业人口的聚落；其二，城市是一定地域范围的中心地。

城市是一定地域范围的中心地，并不是说城市位于某一区域的几何中心，而是指城市通过吸引和辐射功能，对其周围腹地在政治、经济、文化、科技、教育诸方面所发挥的组织、管理、协调和带动作用。我们将城市的这种组织、管理、协调和带动作用，称为城市的中心地职能，它主要体现在政治、经济、文化、科技、教育、宗教、军事等方面[①]。

城市所具有的中心地功能，即其吸引和辐射功能，在地区经济与社会发展中发挥着不可替代的重要作用。但在漫长的历史时期，城市的功能主要局限于为本市及周围地区服务，极少跨越国界。公元前3320—322年间埃及尼罗河畔形成的13个都城就是例证。自18世纪工业革命以后，随着机器大工业的发展及工业和人口大规模向中心城市集聚，城市的吸引和辐射范围逐渐扩张并超越国界，出现了规模很大、功能多样、区域层级不同的国际城市。特别是20世纪60年代以后，经济全球化和世界经济一体化进程不断深入，一些大区域中心城市的中心地功能愈益强化，其功能和影响力不仅超越了国界，而且波及各大区域甚至全球，形成了以国际社会或全世界为服务对象的新型高等级中心地，即国际性城市或世界城市，它们成为全球性政治、经济、科技、教育、文

---

① 李丽萍．城市人居环境．北京：中国轻工业出版社．2001。

化中心。伴随着中心地功能的不断升级和吸引辐射范围的日渐扩大,国际城市便应运而生,并日趋发展、壮大。

城市中心地功能的升级和吸引辐射范围的扩张是城市化发展阶段递进的必然结果。随着第二、三产业的快速发展,世界城市化进程不断推进,发达国家的城市化已进入成熟期,城市化水平高达 70%～90%;发展中国家的城市化也进入一个高速增长期,城市化水平达到 30%～60%。就整体而言,2000 年世界城市化水平首次突破 50%,并呈现快速上升的趋势。

在城市化推进过程中,城市发展显示出以下几种趋势:

第一,城市规模日益增大。1950 年,世界仅有一座人口在 1000 万以上的城市,即纽约。1975 年,上海、东京、墨西哥城和圣保罗加入 1000 万人口的大都市行列。到 1995 年,全世界已有 14 座千万以上人口的巨型城市。据国际权威部门预测,全世界人口超过 100 万的城市在今后数年内将超过 500 多座,全世界人口 1000 万以上的巨型城市至 2015 年将达到 26 座[1]。

第二,城市功能出现两极化趋势:一是城市功能不断分化,衍生出众多专门化城市,如首都、旅游城市、大学城、科学城等;二是多种城市功能日趋骈叠加,形成众多不同等级的综合性区域中心城市,高等级中心城市的职能强度不断提高,吸引辐射范围不断扩大,甚至跨越国界,形成国际城市,如纽约、东京、伦敦、巴黎、法兰克福、洛杉矶等。

第三,城市空间结构形态不断调整,由集中趋向分散,由单中心变为多中心,一些城市超越了自身的地域界限,诞生了复合城市和大都市地区,几个相毗邻的大都市地区连接起来,形成巨型城市群和城市带等新的城市地域形态。在城市群、城市带的沃土上,崛起了一批国际城市。美国的波士华城市带、日本的太平洋沿岸城市带和英国东南部城市群分别孕育出世界级经济中心城市纽约、东京和伦敦。

因此,我们可以得出以下结论:国际城市是城市化发展到高级阶段的产物。

1.1.2 国际城市是国际产业转移和世界经济增长重心区域更迭的必然结果

国际产业转移是指发达国家或地区的企业按照区域比较优势原则,在巨大

---

① 陈维. 上海:现代化国际大都市魅力的培育与比较. 上海经济研究. 2002 年第 2 期。

的潜在市场容量和巨额利润引导下，通过跨国界的直接投资和国际贸易方式，把部分产业的生产、销售甚至研发环节转移到发展中国家和地区。在国际产业资本追逐利润的内在动力及经济全球化和国际经济一体化的外在拉力共同作用下，产业不断发生大规模、国际转移。

最早的国际产业转移是由英国向欧洲大陆各国的转移，之后是由欧洲大陆向美洲东部的转移。20 世纪 50 年代以后，明显的、大规模国际产业转移就有三次之多。第一轮国际产业转移发生在 20 世纪 50 年代初到 60 年代，从美国转移到西欧和东亚，主要是以资本输入方式为主。第二轮国际产业转移是在 20 世纪 70 年代到 80 年代，从美国、日本、西欧转移到东亚和拉美地区。第三轮国际产业转移始于 20 世纪 90 年代并持续至今，一些成熟产业，包括食品、纺织、汽车、电子等，从美国、日本、欧洲各国等传统发达国家和地区及亚太地区一些新型工业化国家和地区进一步转移到中国、印度等人力资本充裕、经济社会发展水平更低的国家。

国际产业由原聚集地转移到新的国家或地区后，需要在当地培植自己的经济中心城市，从而承担起经济管理、协调、带动和服务的职能。于是，新的国际城市便应运而生。例如，由英国及欧洲其他国家向美国的大规模产业转移，缔造了纽约这座世界最大的国际城市。

国际城市是世界经济增长重心区域更迭的产物。世界经济是由众多国家和地区经济组成的一个大系统，不同的子系统之间即有分工，又有合作，还有频繁的贸易往来，这既需要有一个能控制、协调全球经济的一级中心城市，即国际城市或世界城市，也需要一批能控制、协调大区域经济的二、三级中心城市。全球城市或世界城市是与世界经济增长重心区域相伴而生的。相应地，国际性城市则与国际性经济增长重心区域相伴而生。

世界经济增长重心区域是指世界经济中经济增长速度最快、经济动力最强、经济潜能最大、经济发展最具活力、对世界经济增长的贡献份额最大、最终需求和外贸出口增长最快、引进技术和吸引外资最多的一个区域，它在世界经济中占有举足轻重的地位[①]。国际性经济增长重心区域是层级比世界经济增长重心区域低一个等级的经济增长重心区域。伴随着大规模的国际产业转移，传统的世界经济增长重心区域会被新兴的世界经济增长重心区域取代，或二者并存；而世界经济整体规模的扩大和经济质量的提高又会培育出多个国际性经

① 蔡来兴. 国际经济中心城市的崛起. 上海：上海人民出版社. 1995 年。

济增长重心区域。因此，世界经济增长重心区域会发生更迭并出现多极化趋势。相应地，国际城市也会由原来的少数几个城市演变为多个城市，从而出现多个国际城市共存、竞相发展的格局。

1.1.3 国际城市研究具有重要的理论意义和实践意义

人类进入 21 世纪之后，城市化进程和经济全球化进程将全面提速，并不断拓展，世界经济也逐渐呈现多极化的态势，国际城市的发展将会成为一种趋势并逐渐演变成一种世界性潮流。发展本国的国际城市乃至世界城市，成为世界各国特别是发展中国家面临的一次重大机遇和严峻挑战。因为，只有拥有自己的国际城市，才能在全球经济中占据控制性地位；只有拥有自己的国际城市，才能不断分享经济全球化带来的巨大利益；只有拥有自己的国际城市，才能增强国家竞争力，在激烈的国际角逐中立于不败之地。

国外关于国际城市的理论研究始于 20 世纪 20 年代。比较有代表性的学者有彼得·霍尔（Peter Hall）、沃尔夫（Wolff）、约翰·弗里德曼（John Friedmman）、布劳戴尔（Braudel）、泰勒（Taylor）、哥特曼（Gottmann）、斯瑞福（Thrift）、萨森（Sassen）等人。他们的研究集中在国际城市概念的界定、国际城市的特征与判别标准、国际城市职能分类和等级体系、国际城市的评价指标等方面。

国内关于国际城市的研究是在 20 世纪 90 年代初开始的，在 90 年代中期形成一个高潮。其研究集中在三个方面：一是引进、阐释国外的既有理论；二是研究国际城市的评价指标体系；三是探讨中国特定城市如上海、北京、大连等国际城市发展问题。

无论是国外的研究，还是国内的研究，关于国际城市形成机制、发展模式与形成路径方面，学者都较少涉猎，成果也较为罕见。因此，研究国际城市的形成机制，探讨国际城市的发展模式和形成路径，具有重要的理论意义。

同时，关于国际城市的形成机制、发展模式和形成路径研究也具有重大的实践价值。

首先，随着全球化进程的加速和全球范围内再城市化过程的兴起，国与国之间的竞争越来越表现为城市之间、国际化大都市之间、特别是世界城市之间的竞争。培育本国的国际城市乃至世界城市，建立中国与世界经济联系的纽带和桥梁，对于让中国走向世界、参与国际分工与协作，以及让世界了解中国、参与中国的经济建设，都至关重要。

其次，中国是世界第一人口大国，在世界政治舞台上占据举足轻重的地位。中国在世界经济中所占份额也不断攀升，地位日益增强，有望崛起为新的世界制造业基地。北京申奥和上海申博的成功还表明中国在国际文化体育事务中的地位也不断提高。这些都为中国创建国际城市提供了绝佳的机遇，奠定了坚实的基础。

最后，随着国力的增强和对外开放度的提高，国内许多城市都认识到，建设国际城市意义重大，他们纷纷从自身的区域利益出发，争相创建国际城市。据统计，全国有 40 多个城市都在筹划或正在制定国际城市发展规划，在国内掀起了国际城市建设热潮。但由于缺乏理论指导，国际城市建设的效果不佳，国际城市热潮正在消退。因此，有必要超越各区域主体之上，站在纯学术的角度，就国际城市的形成机制、发展模式和形成路径等进行较为深入、系统的研究，以期有所突破，达到指导、推动我国国际城市建设实践的目的。这是本文选题的初衷，也是本研究的实践意义之所在。

当然，本人多年从事城市经济、城市规划、城市管理方面的教学和研究工作，在国际城市研究方面有一定的理论素养，也积累了一些实践经验。特别是 2000 年笔者曾随张敦富教授、叶裕民教授等到大连参与"大连国际城市发展研究"课题，对国际城市问题有浓厚的兴趣，这些都是本研究选题的直接原因。

1.2 研究现状

1.2.1 国外的研究现状

1. 霍尔的研究成果

英国城市与区域规划学家彼得·霍尔（Peter Hall）在 1966 年出版的《世界城市》一书中提出世界城市的概念，并从经济、商业和政治三个方面论述了世界城市，认为世界城市应该是主要的政治权力中心、国际最强势政府和国际商贸等全球性组织的所在地。他选择了纽约、伦敦、巴黎、东京、莫斯科等 7

个城市进行研究，由此概括出世界城市的以下特征：

（1）主要政治权力中心，首都和国际政府组织或非政府组织所在地；

（2）大型跨国公司总部所在地，主要专业团体和贸易商会总部所在地，主要工业中心；

（3）主要铁路、高速公路、港口和航空中心；

（4）主要国际展览中心，主要银行、保险公司和投资公司总部所在地；

（5）主要医疗和法律中心，国家司法总部所在地；

（6）主要大学和科研中心，国家剧院、歌剧院及著名餐厅所在地，信息收集和传播中心；

（7）拥有大规模的人口和足够的国际型劳动力，服务业人口在总劳动人口中所占比重不断加大；

（8）拥有若干国际性专业市场，能提供若干特殊商品和服务的中心；

（9）各种政府、工业界、科研机构及志愿组织的全球性会议备选地。

霍尔是研究世界城市的第一人。他对世界城市研究的贡献主要有三点：一是概括了世界城市的主要特征；二是剖析了世界大城市发展中普遍遇到的城市膨胀问题；三是阐述了伦敦、巴黎、纽约、东京、莫斯科等具体城市的地域结构演变规律与趋势。但他的研究缺乏更加系统、深入的理论探讨。

2. 泰勒的研究成果

泰勒将世界历史划分为三个阶段，即城邦国家与领域国家并存的阶段、民族国家阶段和领域国家消亡阶段，认为随着国家性质的转变，城市在世界经济中的作用处于不断变化之中。

第一个阶段为城邦国家与领域国家并存阶段。城邦国家主要用来积累财富；领域国家则通过集中化战略成为权力汇聚之地，因而拥有发动大规模战争的核心优势，由此成为政治生活的主宰。而战争机器的维护又增强了领域国家对资本和城市的需求，导致世界城市的诞生。另一方面，出于安全和生存的需要，城邦国家也需要领域国家的保护。这种政治上的依赖性使城邦国家处于相对软弱的地位。

第二个阶段为民族国家阶段。英国的工业革命和法国的民主政治革命极大地促进了重商主义的发展，民族国家纷纷建立，世界城市格局也随之发生变化。

第三个阶段为领域国家消亡阶段。第二次世界大战以后（1945 年后），美国确立了它在世界上的霸权地位，跨国组织和区域自治组织构成美国霸权政治的两大基点。地方与全球的关系成了影响地方经济发展的关键因素，许多新技术的开发也进一步促进了地方与全球的这种相互联系。在地方经济需求的推动下，新的全球性劳动地域分工格局开始形成。

由此，城市和国家的政治关系被明确下来，国家统治和界定公民的身份，而城市则拥有最少的政治权力，城市里的公民应该首先效忠于国家，此时的城市完全变成生产和资本的积聚地。作为国家的象征，首都自然成为全国城市的龙头。

泰勒的主要研究成果可以概括为以下三点：第一，在不同的世界经济体系中会产生不同的世界城市；第二，在不同历史阶段上世界城市所起的作用是不断变化的，随着全球化的深入，世界城市在世界事务中所起的作用会不断增强；第三，世界城市未来的发展潜力取决于它在全球舞台上的表现及其全球性网络与地方经济体系之间的联系度。

泰勒对世界城市的研究集中在世界城市与世界经济体系及不同的历史发展阶段之间的联系上，特别强调地方经济与全球经济体系之间的联系度是世界城市形成的关键。

3. 弗里德曼的研究成果

1982 年，约翰·弗里德曼与哥兹·沃尔夫合作发表了一篇题为《世界城市的形成：一项研究与行动的议程》的论文[①]，从而激发了全球学者对世界城市理论研究的兴趣。他们认为，世界城市是经济全球化的产物，因此，古代的罗马、威尼斯和 19 世纪的伦敦都不能称之为世界城市。由此，他们提出了世界城市的新概念，即世界城市是全球经济的控制中心，进而提出世界城市的两个判别标准：

其一，城市与世界经济体系联结的形式与程度，即作为跨国公司总部所在地的作用、国际剩余资本安全投资地的地位、面向世界市场的商品生产者的重要性、作为意识形态中心的作用，等等。

其二，由资本控制力决定的城市的空间支配能力，如金融和市场的控制范围是全球性的，还是国际区域性的，还是国家性的。

---

① J. Friedmann & G. Wolff (1982). World city formation: an agenda for research and action. International Journal of Urban and Region Research. Vol. 6 No. 3. p. 309—343.

弗里德曼等依据世界体系理论，认为世界城市只能产生在与世界经济联系比较密切的核心地区或半边缘地区①。弗里德曼认为下列大都市可称为世界城市：东京、洛杉矶、旧金山、迈阿密、纽约、伦敦、巴黎、兰斯塔德、法兰克福、苏黎世、开罗、曼谷、新加坡、我国香港、墨西哥城、圣保罗。

1986年，弗里德曼在其发表的《世界城市假说》一文中指出，世界城市是全球经济的组织节点，组织并连接区域经济、国家经济，从而形成全球经济。这样的组织节点可能具备以下几种职能：主要金融中心；跨国公司总部所在地；国际机构所在地；迅速增长的商务服务部门；重要的工业中心；主要的交通节点和较大的人口规模；等等。

总之，弗里德曼对世界城市的研究成果集中在以下三个方面：一是世界城市与世界经济体系的联系；二是世界城市的判别标准；三是世界城市的等级体系。

4. 其他学者的研究成果

布劳戴尔把世界城市放在世界经济体系中来考察，认为世界城市是其所在的、特定的世界经济体系的中心。他研究了欧洲早期的社会变革，指出意大利的威尼斯和热那亚、比利时的安特卫普、荷兰的阿姆斯特丹分别为不同历史时期的世界城市，因为这些城市曾经是当时世界霸权国家的经济中心。布劳戴尔的思想拓展了我们对世界城市的理解，即有考察世界城市时，不仅要考虑该城市与其所在国家的关系，还要特别注意它在世界经济体系中的主导地位。但布劳戴尔的研究并未涉及世界城市职能结构、形成机制等方面。

与弗里德曼从宏观角度研究世界城市相反，萨森试图从微观角度及企业区位选择的角度来研究世界城市。她认为，全球城市就是那些能为跨国公司全球运作和管理提供良好服务和通信设施的地点，是跨国公司的总部聚集地。全球城市服务功能会因为全球投资和贸易的迅速增长以及由此带来的对金融和特别服务的强大需求而进一步发展壮大。

哥德曼是首位在实证研究美国东海岸巨型城市地域现象的基础上提出巨型城市带概念的学者。他不仅提出了判别巨型城市带的一系列指标，同时还注意到不同的大都市在巨型城市带中的职能分工。根据其研究，哥德曼提出判别世界城市的三大指标：

---

① 世界体系理论由沃勒斯坦于1974年提出，认为国家的经济发展处在更大的世界经济背景中，即处于由核心国、半边缘国和边缘国三个层次组成的世界经济体系中。

（1）人口规模巨大；

（2）"脑力密集型"（brainwork-intensive）产业聚集；

（3）世界或国际政治权力中心。

斯瑞福接受了弗里德曼的基本思想，但更强调服务功能的重要性。他认为，一个世界城市的地位不仅取决于它所拥有的公司总部的数量，更取决于这些公司总部的规格和级别。据此，他选择了两个指标即公司总部数量和银行总部数量来判别世界城市。

5. 伦敦规划委员会的研究成果

伦敦规划委员会提出了一套促进世界城市持续发展的综合指标，认为一个充满活力的世界城市，应当拥有良好的基础设施，拥有强劲的财富创造力、就业增长力，拥有高品质生活的吸引力。其中，基础设施是基本要素，其他的三个要素是既相互独立、又相互联系的。

总之，国外学者的研究开始时间较早，成果较为丰富，主要集中在国际城市的概念界定、特征和判别标准的总结及国际城市与世界经济体系的联系上，还没有形成完整的国际城市理论体系。

1.2.2　国内的研究现状

我国的国际城市研究首先由实际工作者提出，然后才引起学者的关注和研究热情。国际城市的研究工作始于 20 世纪 90 年代初期，90 年代中期才达到高潮，特别是一些地方城市纷纷提出建设国际城市的构想。进入 21 世纪后，虽然地方城市建设国际城市的热潮有所减退，但学者们对国际城市的研究却从未停止，他们一直致力于引进国外有关国际城市研究的成果，并结合实际，提出符合中国国情的国际城市发展理论，探讨中国国际城市建设实践。

毕建海在《东北之窗》1991 年第 7 期上撰文探讨了国际化城市的概念，认为国际性城市与国际化城市是两个既相互联系又有区别的概念，国际性城市比国际化城市层次稍低。

汤东风等在《城市开发》1991 年第 12 期上著文指出，国际性城市又称为"世界城市""全球性城市"，是指那些具有较强经济实力、优越地理位置、良好服务功能、众多跨国公司和金融机构总部，并对世界或地区经济起控制作用的城市。

　　杨重光撰文指出，城市国际化和国际性城市发展是世界经济发展的规律，也是城市发展的总趋势。他提出了国际城市的五大特征和判别标准：综合性经济中心；国际资本的聚散中心；国际经济决策和管理中心；国际交通通信中心；国际科技教育中心。他进而分析了中国大城市实现国际化的必然性，认为加大开放度是促进我国大城市国际化的最佳途径①。

　　徐巨洲也发表文章，界定了国际性城市的概念和特征，提出现代国际性城市发展的条件，认为国际性城市有其自身的发展规律，需要耗费大量的资金，我国只有少数几个城市有可能发展成为国际性城市，并就国际性城市的现代化特征、中心商务区的选址、国际性城市的地域结构等发表了看法②。

　　傅崇兰认为：国际化城市是多类型、多等级、多元化的；国际化城市首先必须是现代化城市。国际化城市要有强大的科技实力和经济实力；要有完善的城市功能、良好的社会服务和良好的生态环境；国际化城市的形成必然会促进人才和人口的流动和社会生态的优化③。

　　邹时萌认为，真正意义上的国际大城市，是在与世界各地的大城市在经济、贸易、金融、文化诸方面进行比较中产生的，既可对国际城市的功能进行比较，又可对国际城市的影响区域进行比较，通过比较，找出不同类型、不同层次的国际城市④。

　　陈庭光在《城市问题》1995年第2期上撰文，论述了国际化城市的定义，即国际化城市是在人、财、物、信息和整体文化方面进行的跨国交流活动不断增加，其辐射力和吸引力影响到国外的城市，并指出城市功能的国际化、社会经济运行机制的国际化、城市产业结构的国际化、城市法规和管理的国际化、城市居民具有国际化素质等是国际化城市的主要特征。

　　辛章平在《城市问题》1996年第3期上撰文指出，国际化城市是在政治、经济、贸易、金融方面具有强大的超出本国的辐射半径；其运行经常会产生某种利于文明进步的新趋势和新机制或是能够迅速接受这种新趋势和新机制；基础设施是一流的现代化的；社会发展稳定、有序、健康、迅速；其法规和管理方法接近国际惯例或与国际惯例通行；与其他国家和地区的人员双向往来频繁；产生在世界经济发达地区并具有优越的地理位置；第三产业发达，就业人

① 杨重光.中国对外开放与城市国际化.城市问题.1992年第2期。
② 徐巨洲.对我国国际性城市的思考.城市规划.1993年第3期。
③ 傅崇兰.光明日报.1995年7月3日第三版。
④ 邹时萌.光明日报.1995年7月3日第三版。

口比重达到 60% 以上。

李国平在《城市发展研究》2000 年第 1 期撰文指出，科技革命和世界经济增长重心转移导致世界城市格局不断演化，经济全球化赋予世界城市新的机能与作用。世界城市是世界经济组织结构上高度集中的指挥与管理中枢；金融与生产服务企业的据点；服务与金融等特殊产品的生产场所；革新的市场、创造的中心。他还提出北京建设世界城市的基本定位。

肖耀球在《管理世界》2002 年第 4 期上发表了"国际性城市评价指标体系研究"一文，将国际化城市综合评价的指标体系分为三个层次，一级指标有现代化城市质量、国际化职能效应；对应于前者的二级指标有城市经济现代化、城市建设现代化、城市文明现代化；对应于后者的二级指标有资本构成国际化、经济贸易国际化、交通电信信息网络国际化、政治科技文化交流国际化。每个二级指标又分成若干个三级指标，例如资本构成国际化二级指标又细分为跨国银行类指标、跨国公司资本构成类指标和国际资本流动及支配能力类指标三个三级指标。

蔡建明、薛凤旋在《国外城市规划》2002 年第 5 期撰文，设计了一个基于定量指标的世界城市界定方法，即世界城市形成的六维模型，认为世界城市是在政治经济环境、人口和人才、经济活力/控制力、能动性基础设施、生活环境质量、城市综合形象六维因素的共同作用下形成的。他还将这一模型应用于上海的实践，通过指标运算，说明上海发展世界城市的优势和不足。

蔡来兴主编，张广生、王战、徐强任副主编的《国际经济中心城市的崛起》一书，是"迈向 21 世纪的上海"课题的理论研究成果。该书提出国际经济中心城市的概念，探讨了国际经济中心城市的形成与世界经济增长重心转移之间的内在联系，认为随着世界经济增长重心的转移，在新的重心所在区域必然会隆起一个城市群、城市带，在这片城市群、城市带中必然会崛起一个新的国际经济中心城市。该书是国际城市形成理论研究方面颇具创新性的一项成果。

综上所述，国内学者对国际城市的理论研究在不断深入，但主要集中在国际城市的概念体系、国际城市的职能特征和判别标准、国际城市形成与世界经济增长重心转移的联系、国际城市的定量评价指标体系及具体城市的实证研究等方面，而对国际城市形成的内在机制、发展模式和形成路径方面尚缺乏系统、深入的研究，而且理论研究明显滞后于实践。

1.3 研究思路与研究方法

1.3.1 研究思路

本书拟从国际城市的概念界定入手，剖析国际城市的内涵、特征及判别标准，阐述国际城市的等级体系、职能分类及空间布局形态，探讨在科技创新的内在动力及世界经济增长重心转移的外在驱动下，在市场导向和政府导向的双重作用下，借助城市聚集经济与规模经济，一个综合性城市通过其中心地职能的叠加、升华及辐射范围扩张、跨越国界，演变成国际城市甚至世界城市的内在规律。同时，作者还研究了国际城市的发展模式和形成路径。在上述理论探讨的基础上，本书还就大连国际城市发展进行了实证分析。

1.3.2 研究方法

基于本研究对象的复杂性和特殊性，作者主要运用了以下几种研究方法：

第一，系统分析的方法。国际城市是一个复杂的巨系统，它涵盖社会、经济、政治、文化、环境、生活诸方面，涉及全球、各大区域、国家等不同层级、不同范围的区域。因此，研究国际城市理论，必然运用城市经济学、城市社会学、城市规划学、城市文化学、城市生态学、城市环境学、市场营销以及行政管理学等多学科的即有成果，采用多视角的系统分析方法。

第二，理论分析与实证研究相结合的方法。从国际城市研究的现有成果来看，实证分析成果较多，理论研究稍显薄弱。因此，本研究的主要目的是，在国际城市的形成机制、发展模式与形成路径方面进行具有一定深度的理论探讨，以期总结出一般性的规律。但理论源于实践，理论应用于实践，脱离实践的理论毫无意义。鉴于此，本人试图以前述理论为指导，对国内外的国际城市发展实践进行研究，总结国外国际城市发展的实践经验，剖析国内国际城市发展面临的问题，指出中国国际城市发展的思路与对策。同时，在对大连进行深入、系统的实地调查基础上，本书对大连国际城市发展进行了个案研究。

第三，比较分析的方法。全书中即有不同发展模式的对比与分析，又有不同区域、不同类型国际城市的对比分析，还有不同历史时期国际城市职能演变的对比分析。

第四，定性分析与定量分析相结合的方法。鉴于资料搜集的难度及本人的能力所限，本文没有采用定量模式，而是以理论探讨的定性分析为主，同时采用大量的图、表和统计数据，为理论分析的提供依据。

1.4 框架结构与主要内容

本书的框架结构如图 1-1 所示。

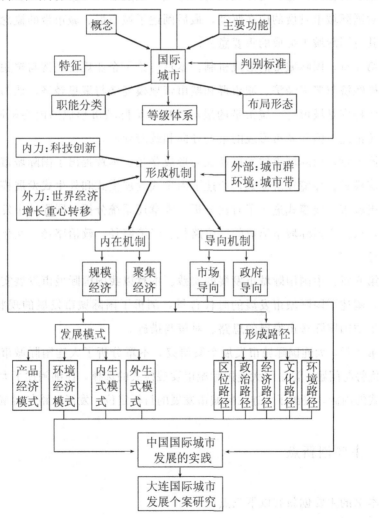

图1-1 本书的框架结构

全书由 7 章组成。

第 1 章，绪论。本章是对全书的一个总体介绍，主要阐述选题的理论和实践意义、国内外的研究现状、本书的研究思路与框架结构、全书的主要内容及主要创新点。

第 2 章，国际城市的概念与内涵。本章在界定国际城市概念的基础上，归纳了国际城市的判别标准，剖析了国际城市的主要职能特征，阐述了国际城市的职能分类、等级体系和空间布局规律。

第 3 章，国际城市发展的驱动力量与外部环境。本章首先探讨了世界经济增长重心转移的概念、规律及其对国际城市发展的外部推动，其次分析了科技创新对国际城市发展的内在驱动，最后阐述了城市群、城市带的概念、形成机制及其对国际城市形成的重要意义。

第 4 章，国际城市的形成机制。本章讨论了企业规模经济与聚集经济、城市规模经济与聚集经济、城市群和城市带规模经济与聚集经济，认为规模和聚集经济特别是城市群、城市带的磁场效应是国际城市形成的内在机制。同时，本章还论述了国际城市形成的市场导向和政府导向。

第 5 章，国际城市的发展模式与形成路径。本章提出了国际城市发展的产品经济模式、环境经济模式，论述了内生式发展模式和外生式发展模式，并对这两组城市发展模式进行了对比分析。本章还系统分析了国际城市发展的影响因素，探讨了国际城市形成的区位路径、经济路径、政治路径、文化路径和环境路径。

第 6 章，中国国际城市发展的实践。本章以我国国际城市发展实践为研究内容，阐述了国际城市发展的时代背景，剖析了国际城市发展的现状与问题，提出了中国国际城市发展的思路、对策与措施。

第 7 章，大连国际城市发展个案研究。本章分析了大连国际城市发展的现状、优势与问题，论证了大连国际城市发展模式的选择，详细阐述了大连环境经济模式的内涵，提出了大连国际城市发展的目标定位、发展思路与对策和措施。

1.5　主要创新点

本书的主要创新有以下三点：

其一，本书提出城市与城市的聚集经济及城市群、城市带的规模经济是国际城市形成的内在机制，这为国际城市形成机制的理论研究奠定了基础。

其二，本书提出了城市发展的产品经济模式和环境经济模式，并对二者进行了对比分析，认为国际城市发展应以环境经济模式为主（适用于中心城市），以产品经济模式为辅（适用于腹地的中小城市）。

其三，本书提出国际城市形成的五大路径：区位路径、经济路径、政治路径、文化路径和环境路径，讨论了不同路径之间的相互关系。

第 2 章　国际城市的概念与内涵

本章重点讨论国际城市的定义，区分不同国际城市概念的异同及其相互关系，剖析国际城市的职能特征，归纳国际城市的职能分类、等级体系和空间分布规律，为国际城市的形成机制、发展模式和形成路径研究奠定基础。

2.1　国际城市的概念体系

什么是国际城市？这是一个中外学者都争论不已的问题，也是国际城市理论研究必须探讨的问题。因为，研究国际城市，探讨国际城市的形成机制、发展模式和形成路径，首先必须对国际城市的概念有一个客观的认识和正确的界定。

2.1.1　国外学者对世界城市概念的描述

早在 1889 年，德国学者哥瑟（Goethe）就曾使用了"Weltstadt"（德语"世界城市"之义）一词来描述当时的罗马和巴黎，以期从文化优势上来界定这两个当时的世界城市。

1915 年，苏格兰城市与区域规划学家格迪斯（P. Geddes）在《演化中的城市》一书中首次提出"世界城市"的概念。他从经济和商业两个方面将"世界城市"界定为在世界商务中占据绝对优势的那些城市。他认为，一些西方国家处在发展中的大都市就是世界城市。

1966 年，英国城市与区域规划学家霍尔（Peter Hall）在《世界城市》一书中全面概括了世界城市的概念。霍尔认为，世界城市专指那些对全世界或大多数国家发生全球性经济、政治、文化影响的国际一流大城市，是具有全球意义的政治中心、商业中心、文化娱乐中心、各种专门人才及规模巨大的人口集聚中心。他认为，伦敦、巴黎、莱茵—鲁尔，兰斯塔德、莫斯科、纽约和东京就是当时的世界城市。

1982 年，美国学者沃尔夫和弗里德曼在其发表的《世界城市形成：一项研究与行动的议程》一文中，对世界城市做出新的界定。他们认为，世界城市是世界经济全球化的产物，因此，古代的罗马、威尼斯及 19 世纪的伦敦，都不能称为严格意义上的世界城市。由此，他们赋予世界城市全新的内涵：世界城市是全球的控制中心。

1986 年，弗里德曼又发表了《世界城市假说》一文，详尽阐述了世界城市的理论。该理论认为，世界城市是新的国际分工和全球经济一体化的产物，世界城市的本质特征是拥有全球经济控制能力，这种控制能力的产生充分表现为少数关键部门的快速增长，包括企业总部、国际金融、全球交通和通信、高级商务服务等。他还指出，世界城市与新的国际劳动地域分工格局有关，它是全球经济的组织节点和中枢，组织并连接区域经济、国家经济，从而形成全球经济。

1988 年，美国学者萨森（Sassen）对纽约、伦敦、东京进行了实证研究，将世界城市定义为高度集中化的世界经济控制中心、金融和特殊服务业的主要所在地，包括创新在内的主导产业的生产场所，以及产品和创新的市场等。

此外，科恩（Cohen）、瑞墨恩（Ramoen）、格罗斯罗格（R. Grosrogue）等人也对世界城市的概念和判别指标提出了不同的观点。

国外主要学者对世界城市的界定参见表 2-1。

表 2-1　国外著名学者对世界城市的界定[①]

作　者	基本实力	关键特征			系统性特征		
		对外经济	城市文化	金融贸易	交通运输	信息	人才
霍尔 (Peter Hall, 1966)	综合性城市；对世界大多数国家产生政治、经济和文化影响	国际性非政府机构及大公司集团总部所在地	世界文化中心，居民具有国际意识	世界金融贸易中心	世界交通运输中心	信息汇集和传播基地	聚集各类专业人才
科恩 (Cohen,1981)	—	国际经济活动的组织，国际商务决策和公司战略构想	—	高层次商务服务和金融服务	—	—	—

① 资料来源：上海城市发展应定位为"世界城市". 同济大学课题组. 国研网.

续　表

作　者	基本实力	关键特征			系统性特征		
		对外经济	城市文化	金融贸易	交通运输	信　息	人　才
弗里德曼（John Friedmann，1986）	人口规模巨大	跨国公司总部、国际机构、商务服务部门所在地，全球经济系统的组织节点		主要金融中心	主要交通节点	—	大规模国内和国际移民的目的地
瑞墨恩（Ramoen Grosrogue）	—	跨国公司、军事组织、智囊机构所在地		—	—	通信传媒企业聚集地	—
萨森（Saskia Sassen）	世界经济组织中心	公司控制中心		金融创新中心，主要资本市场			

尽管上述国外学者的观察角度各有不同，侧重点也不一样，界定出的世界城市内涵与外延不完全相同，但综合分析以上观点后，我们可以从中找出他们关于世界城市界定的共同观点：

第一，世界城市具有极强的综合实力，它不仅仅在某一个方面对国际社会具有控制、辐射作用，而是在多方面有综合影响力。

第二，世界城市在经济方面，诸如商业、金融、生产制造、资本、市场等方面，具有世界中心的地位和国际控制力。

第三，发达、便捷的交通通信网络是形成世界城市的重要条件，世界城市在全球交通通信网络中处于中心地位。

第四，世界城市形成受其他人文因素的影响，表现出不同的特征。例如，人口规模巨大，是国内或国际移民的目的地；汇集了各方面的专门人才；是文化娱乐中心；等等。

第五，世界城市就是国际城市。受世界经济多中心的影响，世界城市不是唯一的，而是全球城市金字塔上位于顶端的多个国际经济中心城市。

2.1.2　国内学者对国际城市概念的认识

国内学者主要是引进了国外关于世界城市或国际城市的概念，但由于翻译及理解的原因，出现了三个不同的国际城市术语——世界城市、国际化城市、国际性城市。如何定义、区分世界城市、国际化城市和国际性城市呢？对此，国内学者的观点不一。

第一种观点认为，国际化城市主要是指在现代经济技术高度发达和广泛联系的基础上，具有世界或区域中心地位的现代化城市。按其国际化程度，又可分为世界城市和国际性城市两大类。世界城市是整个世界经济的控制中心，例如，伦敦、纽约、东京就是学术界公认的世界城市；国际性城市是指国际化程度低于世界城市，在人、财、物、信息和整体文化等方面进行的跨国交流活动不断增加，其辐射力和吸引力影响到国外的城市[1]。

第二种观点认为，国际性城市和国际化城市是两个既相互联系又有区别的概念。在国际化程度上，国际性城市要低一些，国际化城市要高一些。国际性主要是针对城市的地位和作用而言的，而国际化的含义则更加广泛，内容更为丰富，范围更为广阔。国际性是指国际关系和世界经济体系上的一般意义，而国际化则是完全融合到国际社会中去[2]。

第三种观点认为，国际性城市又称为"世界城市""全球性城市"，是指那些具有较强的经济实力、优越的地理位置、良好的服务功能、众多的跨国公司和金融机构总部，并对世界或地区经济起控制作用的城市[3]。

第四种观点认为，国际化城市并不是一个等级，也不是一种类型，而是多类型、多等级、多元化的。国际化城市虽然不是理想的城市，但必须是现代化的城市[4]。

第五种观点认为，国际化城市不仅反映在硬件上，而且体现在软环境上，其科技、文化、娱乐业水平都很高[5]。

第六种观点认为，国际化城市是在人、财、物、信息和整体文化方面进行的跨国交流活动不断增加，其辐射力和吸引力影响到国外的城市。国际化城市的特征：城市功能国际化；城市社会经济运行机制国际化；城市产业结构国际化；城市法规和管理国际化；城市居民具有国际化素质并受过良好的国际化意识教育[6]。

总之，按照其经济职能强度、吸引辐射范围广度和参与国际活动的频度的

① 顾朝林等.经济全球化与中国国际性城市建设.城市规划汇刊.1999年第3期。
② 毕建海.东北之窗.1991年第7期。
③ 汤东风等.国际性城市初探.城市开发.1991年第12期。
④ 傅崇兰.光明日报.1995年7月3日。
⑤ 汝信.光明日报.1995年7月3日。
⑥ 陈光庭.城市问题.1995年第2期。

高低，国际城市可以细分为世界城市、国际化城市和国际性城市。

2.1.3 本书对国际城市概念的界定

笔者认为，要理清国际城市的概念，首先必须深入剖析下面三组概念。

1. 城市与中心城市

城市是非农业人口聚居地，是第二、三产业的载体，是一定地域范围的政治、经济、文化、科技、教育中心。城市职能有很多，它们在不同的城市中产生不同的组合，出现了各种专门化城市和多功能综合性城市。对于综合性城市而言，以第三产业为主体的中心地职能，又以其规模大、种类多、实力强，在其众多生产性职能和非生产性职能中脱颖而出，因而我们将这类城市称为中心城市。

中心城市是一定地域范围的中心地，它可以通过吸引和辐射功能，对周围腹地在政治、经济、文化、科技、教育诸方面发挥组织、管理、协调和带动作用。中心城市可为其腹地提供：农用机械设备、化肥、日用商品等物质产品；高等教育、医疗卫生、文化娱乐等生活服务；农业技术、金融、保险、信息、咨询等生产性服务；先进的管理方法和创新思想；农产品的消费市场和农业剩余劳动力的就业渠道。周围的农村腹地则为中心城市提供：工业用原料、农副产品；工业品的消费市场；城市建设用地；剩余农业劳动力等。中心地职能是中心城市赋有旺盛生命力的根本原因之所在，也是区域经济得以持续、稳定、协调发展的驱动源泉[①]。

中心城市可以仅仅拥有上述中心地职能中的某一种职能，如单纯的政治中心城市华盛顿和巴西利亚，单纯的宗教中心城市麦加和麦地那；也可以兼有几种甚至多种中心地职能，这种城市一般称为综合性中心城市，如纽约、巴黎、东京、上海、北京等。

中心城市犹如全球社会经济空间上的各个节点，因其规模大小和经济实力强弱，分别构成不同等级地域范围的中心地。规模最大、经济实力最强的中心城市，可以作为世界城市或全球一级国际城市，如伦敦、纽约、东京等；规模很大、实力很强的中心城市，可以作为大区域性国际城市，如布鲁塞尔、芝加

---

① 李丽萍. 城市人居环境. 北京：中国轻工业出版社. 2001 年。

哥、香港；规模大、实力强的中心城市，可以作为国家一级中心地，如北京、上海、广州等；依此类推。不同规模等级的中心城市相互联系，共同构成一个规模由大到小、实力由强到弱、吸引辐射范围由大到小的区域中心城市等级体系。

由上述分析可以得出以下结论：

第一，中心城市是城市中的一种类型；

第二，中心城市的中心地职能更加突出；

第三，作为本书研究对象的综合性国际城市首先必须是中心城市；

第四，国际城市是职能众多、实力雄厚、吸引辐射范围跨越国界的高等级中心城市。

2. 国际性城市与国际化城市

当一个国家的某个中心城市，其吸引辐射范围超越国界，在某种职能方面与其他国家或地区的城市发生各种交流时，这个城市就具有了国际城市的性质，我们称其为国际性城市。而国际化城市则是国际化程度更高、在世界城市等级体系中所处的地位更高、中心地职能种类更丰富、更强大、吸引辐射范围更广阔的国际城市。

国际化城市是这样一种城市：它的政治、经济、贸易、金融职能具有强大的超出本国的辐射半径；它的运行经常会产生某种利于文明进步的新趋势和新机制或是能够迅速接受这种新趋势和新机制；它的基础设施是一流的、现代化的；它的社会发展稳定、有序、健康、迅速；它的法规和管理方法接近国际惯例或与国际惯例通行；它与其他地区和国家的人员双向往来频繁；它一般产生在世界经济发达地区并具有优越的地理位置；它的第三产业十分发达，就业于第三产业的人口比重在 60% 以上[①]。

国际性城市与国际化城市是两个既相互联系、又相互区别的概念。

首先，从国际化程度来看，国际化城市要高于国际性城市。

其次，按其在世界城市等级体系中的地位排序，国际化城市的地位更高一些，国际性城市的地位稍低一点。

第三，从吸引和辐射范围上，国际化城市的影响范围波及全球的大部分国家和地区，而国际性城市则在某个国际区域如亚太地区发挥作用。

---

① 辛章平．国际化城市理论的基本要义．城市问题．1996 年第 3 期。

第四，从其中心地职能的种类和人口规模来看，国际化城市的中心地职能种类多，包括金融、贸易、高级商务、娱乐、文化、信息等，人口规模庞大，而国际性城市的职能类型相对较少，人口规模较小，甚至可以是单一职能的城市，如国际宗教城市。

第五，从其与世界经济社会联系的密切程度看，国际化城市与世界经济社会联系十分紧密，甚至可以说是融合为一个整体，是世界经济社会的控制和管理中心；而国际性城市与世界经济社会的联系也十分密切，但程度上却低于前者。

由上述分析可以看出，国际化城市和国际性城市都属于国际城市的范畴，只是其等级高低、规模大小、职能多少不同而已。

3. 国际城市与世界城市

世界城市是世界经济的控制中心，是世界政治、文化、科技、教育、信息、娱乐中心。首先，它处于全球城市体系中的最高等级，人口规模巨大；其次，其综合性中心地职能门类庞杂、规模宏大，经济实力雄厚，国际金融、贸易职能十分突出；第三，其人、财、物、信息的国际交流频度高、规模大，是世界社会经济生活的中枢；第四，其吸引辐射范围波及绝大多数国家甚至整个地球；第五，它具有优秀的整体形象和极高的国际知名度；第六，对应于世界经济的多中心分布格局，世界城市也不是唯一的，而是多个位于不同层级的国际城市。例如，纽约、伦敦、东京、巴黎就属于世界一级国际城市，多伦多、休斯敦、维也纳属于世界二级国际城市。

世界城市不同于一般意义上的国际性城市或国际化城市。前者强调的是在世界城市体系中最高等级的中心地位，凭借其强大的综合实力成为人类社会、经济、文化等多方面的控制中心；后者位于世界城市的不同等级，只是在某一个或某一些方面在世界上有较大的影响力，如日内瓦是国际政治城市，耶路撒冷是国际宗教城市等。

综上所述，作为本文研究对象的国际城市，是一个广义的概念，它是指一般意义上的国际城市，包括世界城市、国际化城市和国际性城市等特定的国际城市类型在内，是职能众多、实力雄厚、吸引辐射范围跨越国界的高等级中心城市。

国际城市包括了国际性城市、国际化城市和世界城市。由国际性城市，到国际化城市，再到世界城市，城市的规模等级由低变高，中心地职能丰度和强度由弱变强，吸引辐射范围由小到大，国际化程度由低渐高。不同的国际城市概念及其相互关系如图 2-1 所示。

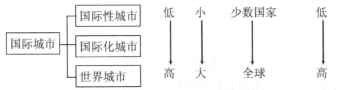

图2-1　几个国际城市概念及其相互关系

2.2　国际城市的判别标准与职能特征

　　什么样的城市是国际城市？如何判断一个城市是否是国际城市？国际城市具有哪些职能特征？下面的论述将试图回答这三个问题。

2.2.1　国际城市的判别标准

　　在对国际城市的概念进行彻底的梳理以后，我们有必要讨论一下国际城市的特征及判别标准，即从哪些方面、使用哪些指标来鉴别一个城市是否是国际城市，从而把国际城市与一般城市区别开来。

　　1. 国外学者提出的国际城市判别标准

　　霍尔认为，世界城市应该具有以下七个特征：
　　——综合性城市，对世界上大多数国家产生政治、经济和文化影响；
　　——国际性非政府机构以及大公司集团的总部所在地；
　　——世界文化中心，该城市的居民具有国际意识；
　　——世界金融贸易中心；
　　——世界交通运输中心；
　　——信息收集和传播基地；
　　——各类人才聚集地。
　　弗里德曼提出世界城市的七个判别标准：
　　——主要国际金融中心；
　　——跨国公司总部所在地；
　　——国际机构集中度高；
　　——商业服务部门高速增长；

——主要制造业中心；

——主要交通枢纽；

——人口规模巨大。

格罗斯罗格指出，世界城市具有两个突出特征：

——跨国公司、军事组织和智囊机构所在地；

——数量众多的通信传媒企业聚集地。

萨森认为，世界城市具有以下四个特征：

——世界经济的组织中心；

——公司的控制中心；

——金融创新的基地；

——主要资本市场。

科恩指出，世界城市主要有以下两个特征：

——提供高层次的商务和金融服务；

——国际经济组织和国际商务决策机构所在地。

2. 国内学者提出的国际城市判别标准

国内学者蔡建明与香港学者薛凤旋共同提出了界定世界城市的六维模型（如图 2-2 所示）。他们认为，判别一个城市是否是世界城市，可以从政治经济环境、人口与人才、经济活力与控制力、能动性基础设施、生活环境和质量、城市综合形象这六个侧面（即六维）去衡量，每一个侧面又可以细分出不同的判别标准。例如，政治经济环境维可以细分为市场经济体制、城市所在国家在世界经济体系中的地位、城市发展政策等标准。人口与人才维可以细分为人口规模、人才供给、人口移入等指标。经济活力和控制力维可以细分为外向型经济的比重、经济控制力和高新技术创新潜力、外商直接投资、国际贸易、股票市场等。生活环境和质量维包括城市提供的就业职位、住房价格与数量、工作

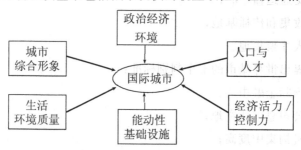

图2-2 国际城市形成的六维模型

环境质量、文化设施、社会环境等[①]。

3. 本书对国际城市判别标准的认识

国际城市是一种具有特殊经济职能的城市，是世界经济体系的控制、管理、协调中心。因此，国际城市表现出一系列的特征，如职能方面的特征、景观方面的特征、地域结构方面的特征等。其中职能特征是国际城市的本质特征，它成为人们识别和判断国际城市的重要标准。无论是国外的学者，还是国内的学者，他们在研究国际城市的判别标准时，都把注意力集中国际城市的职能特征上，而忽略了其他方面的内容。

由于本研究的重点是国际城市的形成机制、发展模式与形成路径，笔者并未试图建立一套国际城市的判别标准体系，只是对国际城市的判别标准仅提出以下两个不同观点：

第一，国际城市的判别标准不能仅仅局限于职能标准，而应建立一个全方位的判别标准体系，它除了拥有职能特征标准以外，还应考虑以下几个方面的内容：一是国际城市形成的外部环境，如国际城市是否处在城市群、城市带中，是否拥有与世界接轨的市场经济体制环境；二是国际城市的人口规模，包括国际城市的最低人口门槛、人口的质量、移民的比重等；三是国际城市的现代化水平，包括产业结构的现代化、基础设施的现代化、技术创新的现代化、居民素质的现代化等；四是国际城市的生态环境，包括空气质量、绿地覆盖率、建筑与自然环境的协调度等。

第二，国际城市的判别标准应随社会经济的发展变化进行调整。例如，弗里德曼提出的国际城市的七个判别指标中，有一项指标就是国际制造业中心。一般而言，传统的国际制造业城市都是以港口为依托，以国际制造业为支柱产业的，其金融、贸易等第三产业主要是为自身的第二产业服务的，处于从属地位。但在第二次世界大战以后，世界城市进入后工业化发展阶段，科技的进步和交通通信业的发展，改变了世界经济的分布格局，使世界经济从倚重于自然资源和制造业的国别经济，转向更多地倚重于信息资源和服务业的国际经济，与此相适应，国际城市逐渐转向以第三产业为支柱产业和发展动力，第三产业的独立性明显提高，比重大幅上升，国际城市的生产性功能弱化，服务性功能

---

① 蔡建明、薛凤旋．界定世界城市的形成——以上海为例．国外城市规划．2002 年第 5 期。

增强，其经济结构呈现强烈的服务化趋势①。由此可见，制造业中心作为国际城市的判别标准，显得有些过时了。

2.2.2 国际城市的职能特征

笔者认为，今天的国际城市应该是高等级综合性中心城市，其中心地职能主要体现在国际经济控制与决策中心、国际政治中心与国际机构所在地、国际科技教育文化中心、国际交通枢纽与信息中心、国际人口聚集与人才中心五个方面（如图 2-3 所示）。

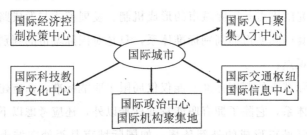

图2-3　国际城市的职能特征

国际城市的主要职能特征有两个：一是服务性。国际城市产业结构服务化趋势十分明显，其第三产业增加值占 GDP 的比重一般都在 70% 以上，尤其以高端生产性服务业为主；二是居住性。国际城市居住环境优越，吸引着世界各地的人才迁移至此，形成巨大的人口规模。

具体而言，国际城市主要拥有以下五种职能：

1. 国际经济控制与决策中心

国际城市，又称国际经济中心城市，是世界经济发展过程中经济要素在一些城市高度聚集的产物。因此，作为国际城市，首先必须是国际经济控制中心与决策中心。但在工业化时代和后工业化时代，国际城市的经济中心职能也表现出一定的差异性。

其一，在工业化时代，国际城市的经济中心职能集中体现在生产性功能上，因此，它是当时的大工业生产中心。由于大工业生产需要大量的原材料和产品的运输，大港口及廉价的海运优势为国际城市发展成为国际大工业生产中心提供了

---

① 辛章平. 国际化城市理论的基本要义. 城市问题. 1996 年第 3 期。

先决条件。这也是弗里德曼提出"主要制造业中心"是世界城市的主要判别标准之一的理论依据。而到了后工业化社会,国际城市的第三产业比重不断提高,第二产业比重日渐下降,产业结构呈现"空心化"(或称"非工业化",或称"服务化",或称"软化")的趋势,其作为工业生产中心的地位呈下降态势,以金融业为主的服务业地位不断攀升。例如,伦敦、纽约、东京这三大国际城市第三产业就业人口比重分别高达 86.2%(1982)、88.7%(1993 年)和 76.2%(1991 年)[①]。

其二,在工业化时代,国际城市的经济职能以所在国家和少数其他国家为服务对象,剔除经济职能以外的信息中心和文化中心职能较弱。但在后工业化社会,国际城市吸引辐射范围波及全球,其高端第三产业不仅为本城市及本国的第二产业服务,而且为全球经济发展服务,国际城市最终演变成为真正的世界经济控制、管理和协调中心。国际城市在经济功能增强的同时,信息中心和文化中心职能也不断分化、强化,并与经济中心职能相互促进,共同发展。

国际城市的国际经济控制与决策中心职能又可分解为国际金融中心和国际控制与决策中心两个子职能。

(1) 国际金融中心

在经济全球化和世界经济一体化进程中,包括资本在内的各种生产要素可以在全球范围内自由流动,按照市场规则进行有效配置,使资本得到最大限度的增值,使企业获得最大的经济效益,也使各国经济在分工与合作中得到共同发展。因此,资本是最重要的生产要素,资本市场是最重要的要素市场,而资本市场网络上的一些重要节点城市,就扮演着国际金融中心的角色。

国际金融中心职能由国际城市中布局的数目众多、种类各异的金融机构如银行、证券交易所等来履行。这些金融机构在聚集规律的制约下,在国际城市中的某个地段高度集群式布局,从而节约运营成本,提高经济效益,与跨国公司总部及其他高等级服务机构一起,共同形成城市的一个特定功能区——中心商务区(CBD)。CBD 是国际城市履行国际金融中心职能的物质载体。

国际金融中心的形成一般有两种情况:其一,凭借所在国雄厚的经济实力向国际资本市场提供资本出口业务,进而演变成国际金融中心,如伦敦、巴黎、纽约、东京;其二,20 世纪 60 年代以后出现的、在提供离岸金融服务基础上形成的国际金融中心,如新加坡。后者的国家经济实力及资本实力不能与

---

① 朱庆芳等编．世界大城市社会指标比较．北京:中国城市出版社．1997 年。

前者相提并论。作为国际控制与决策中心的国际城市，其国际金融中心职能涵盖了上述两方面的金融业务，金融业成为国际城市的一个重要产业部门，它伴随着离岸金融业务的发展及国际金融创新浪潮的推进呈逐步上升的势头。

国际城市的国际金融中心地位可从三个方面来衡量：一是国内外金融机构的集中度；二是国内外金融机构资产和资本的集中度；三是国内外金融机构的金融业务量。

从金融机构集中度来看，伦敦、纽约、东京、巴黎、香港、新加坡可称之为国际金融中心。伦敦拥有英国4大商业银行总部及479家外国银行、130家外国证券公司和120家外国保险公司（1988年）。纽约拥有美国十大商业银行中的6家银行总部及356家外国银行（1986年）。此外，东京、巴黎、香港、新加坡等国际城市也都拥有100家以上的外国银行。1996年，全球20家最大银行中，有7家银行总部设在东京（东京—密苏比世、富士山、康京、萨克拉和日本产业银行），有4家银行总部设在纽约（曼哈顿、斯蒂冠、美国银行公司和国家银行），有2家银行总部设在伦敦（金融控股公司和威斯敏斯特金融机构）[①]。

从金融机构的收入及资产与资本集中度看，纽约、东京、伦敦也是名列世界前三位的国际金融中心（见表2-2）。

表 2-2　世界 6 大银行中心

（按 50 家最大商业银行和 25 家最大证券公司的收入与资产数额排序）（1986 年）[②]

顺　序	收入（百万美元）	顺　序	资产（10 亿美元）
东　京	6424	东　京	1801.4
纽　约	5673	纽　约	904.8
伦　敦	2934	巴　黎	659.3
巴　黎	1712	大　阪	557.6
大　阪	1261	伦　敦	390.3
法兰克福	1003	法兰克福	306.8

1986年，伦敦、纽约、东京这三大国际金融中心在国际信贷市场所占比重分别为23.3%、11.4%、15.0%。1988年，东京、纽约、伦敦这三座城市集中了世界前100家银行49.3%的资产、60.08%的资本和62.95%的净收入[③]。纽约、伦敦、东京还是金融业务量最大的三个城市（见表2-3）。1992

---

①　保罗·贝尔琴等著．刘书瀚等译．全球视角中的城市经济．长春：吉林人民出版社．2003年。

②　资料来源：S. Sassen. The Global City. Table 7. 3. Princeton University Press. New Jersey. 1991

③　蔡来兴．国际经济中心城市的崛起．上海：上海人民出版社．1995年版。

年，62.3%的全球日外汇交易额集中在这三个城市，其中伦敦最高，达 3030 亿美元，占全球的 30.3%；纽约次之，约 1920 亿美元，占全球的 19.2%；东京最后，为 1280 亿美元，占全球的 12.8%。

表 2-3　纽约、伦敦、东京占世界前 100 家银行的份额（1988）[①]

城市	银行数（个）	资产		资本		净收入	
		百万美元	占总数%	百万美元	占总数%	百万美元	占总数%
纽约	12	113744	8.57	933037	8.76	8942	20.83
伦敦	5	55531	4.18	605019	5.68	5655	13.18
东京	30	484759	36.51	4862509	45.64	12420	28.94
合计	47	654034	49.26	6400565	60.08	27017	62.95
世界	100	1327891	100.00	10653417	100.00	42919	100.00

　　此外，纽约、伦敦、东京还是世界上最重要的证券交易中心。1987 年，伦敦、纽约、东京三个城市证券交易所的上市公司数量分别为 2101 个、1516 个和 1499 个，其中外国上市公司分别为 584 个、59 个和 52 个；股票的总市值分别为 4710 亿美元、2.1 万亿美元和 1.8 万亿美元；股票的年成交额分别为 1330 亿美元、1.3 万亿美元和 1.8 万亿美元。截至 1989 年年底，伦敦、纽约、东京三市的证券交易市场的总市值分别达到 8230 亿美元、21900 亿美元和 36000 亿美元的规模。1992 年，伦敦、纽约、东京三市股票市场的上市公司数分别达到 2392 个、2089 个和 1768 个，股票市值分别为 25793 亿、39634 亿和 24626 亿英镑，股票交易额分别达到 10447 亿、11605 亿和 3932 亿英镑（见表 2-4）[②]。可见，纽约和东京的证券市场规模最大，而伦敦的证券市场国际化程度最高[③]。

表 2-4　世界主要国际城市的股票市场（1992 年 12 月 31 日）[④]

交易所	市场价值（百万英镑）	交易额（百万英镑）	上市公司数（个）
纽约	3 963 428	1 160 561	2 089
伦敦	2 579 339	1 044 721	2 392
东京	2 462 682	393 267	1 768
大阪	2 460 181	95 682	1 168
法兰克福	1 136 303	891 017	665
多伦多	733 801	41 491	1 119
巴黎	597 760	582 147	732

① 资料来源：上海城市发展应定位为"世界城市"．同济大学课题组．国研网。
② 汤东风等．国际性城市初探．城市开发．1991 年第 12 期。
③ 蔡来兴．国际经济中心城市的崛起．上海：上海人民出版社．1995 年版。
④ 资料来源：转引自保罗·贝尔琴等著．刘书瀚等译．全球视角中的城市经济．长春：吉林人民出版社．2003 年。

此外，还可以按照金融中心城市的职能强度和辐射范围，将全球金融中心分为超国家的中心和国际性的中心两种，其中每一种又可分细为两种类型。纽约和伦敦是超国家的一类全球金融中心，东京、巴黎、阿姆斯特丹和法兰克福是超国家的二类全球金融中心（见表 2-5）。

表 2-5　全球的金融中心（1980 年）[①]

级别	全球金融中心的类型	中　　心	
1	超国家的：第一类	伦　敦	纽　约
2	超国家的：第二类	阿姆斯特丹 法兰克福	东　京 巴　黎
3	国际性的：第一类	巴塞尔 孟　买 布鲁塞尔 芝加哥 杜塞尔多夫 汉　堡 香　港 马德里 墨尔本	墨西哥城 里约热内卢 罗　马 旧金山 圣保罗 新加坡 悉　尼 多伦多 维也纳
4	国际性的：第二类	巴　林 布宜诺斯艾利斯 神　户 洛杉矶 卢森堡 米　兰	蒙特利尔 大　阪 巴拿马 首　尔 台　北

（2）国际经济控制中心

国际城市对世界经济的控制、管理与协调职能，不仅由金融机构来承担，还由跨国公司总部来参与。目前，跨国公司数目众多，承担着国际产业转移和国际直接投资载体的重任，在世界经济中的地位不断攀升。据联合国跨国公司中心统计，1968 年，全球共拥有 7276 家跨国公司，而到 20 世纪 90 年代初，全球跨国公司总数增至 37000 家，各种分支机构达 17 万家，它们控制了 90％的国际直接投资和 40％的世界生产。因此，作为跨国公司总部聚集地的国际城市，便成为名副其实的世界经济控制中心，特别是跨国公司的控制中心。

国际城市是跨国公司总部聚集地。1984 年，世界 500 强跨国公司的总部集中分布在发达国家的大城市，其中纽约有 59 家，伦敦有 37 家，东京有 34

[①]　资料来源：上海城市发展应定位为"世界城市"．同济大学课题组．国研网。

家，巴黎有 26 家，芝加哥有 18 家，大阪有 15 家，洛杉矶有 14 家，共计 203
家，占总数的 2/5（见表 2-6）。

表 2-6　全球最大的跨国公司总部数（银行除外，1984 年）[①]

城市名称	城市人口规模（千人）	跨国公司总部数（个）
纽　约	17083	59
伦　敦	11100	37
东　京	26200	34
巴　黎	9500	26
芝加哥	7865	18
埃　森	5050	18
大　阪	15900	15
洛杉矶	10519	14
休斯敦	3109	11
匹兹堡	2171	10

　　虽然我们可以用跨国公司总部数来衡量国际城市作为全球经济控制中心的
职能强度，但是，跨国公司规模不同，所经营的产业门类各异，这也会影响到
跨国公司总部所在的国际城市的全球控制能力。通过聚集高等级的制造业如高
新技术产业的跨国公司总部，对于提升国际城市的国际控制能力而言，会比简
单地追求跨国公司总部数量，效果要好得多。

　　目前，跨国公司的经营活动也出现分散化的趋势。工业化时期，生产与人
口的迁移以聚集为主导过程，迁移的目标就是大城市，因此，跨国公司在发达
国家国际城市中的集中度很高。后工业化时期，特别是经济全球化和世界经济
一体化进程加速之后，生产在全球范围内进行国际转移，使得发展中国家的经
济中心城市也成为跨国公司总部进驻的目的地，这些城市会成长为新的国际城
市。例如香港，1970 年以前，海外公司在香港设立的地区总部为 151 家，
1985 年增加到 588 家，香港崛起为亚太地区的国际城市。

　　而在发达国家的国际城市中，传统产业的跨国公司总部数量有所减少。因
为城区地价高昂，便利的交通通信使得跨国公司总部出现了向城外迁移的趋

　　①　资料来源：上海城市发展应定位为"世界城市"．同济大学课题组．国研网。

势。如 1957 年，设在纽约的大公司总部为 144 家，1974 年降为 107 家，20 世纪 90 年代初降至 50 余家。同时，跨国银行及其分支机构和跨国贸易公司仍在向这类国际城市集中，它们有可能凭借其强大的金融功能成为世界经济的控制核心。可见，国际城市的国际经济控制中心职能越来越多地由金融机构而不是制造业机构来承担。

2. 国际科技、教育、文化中心

国际城市必然是国际科技、教育、文化中心。因为国际城市诞生在世界经济增长重心区域，而一个区域要成为世界经济增长重心，首先必须是科技创新中心，必须拥有发达的科技、教育和文化产业。

作为国际科技和教育中心，国际城市中的大学和科研机构云集。例如，纽约大都市区拥有 100 多家大专院校和 788 家科研机构。再如，东京的筑波科学城以筑波大学为中心，包括 2 所国立大学、46 家国立研究所、8 个民间研究所和 30 多家高级技术公司，集中科研及辅助人员 2.2 万人，大学生近 1 万人，囊括了全国科技人才的近 40%。

作为国际文化中心，国际城市拥有世界一流的文化设施，如博物馆、图书馆、歌剧院、科技馆、音乐厅、体育馆等。伦敦、纽约、东京这三个国际城市拥有的图书馆数分别为 421 个、204 个和 164 个；博物馆数分别为 48 个、150 个 131 个；剧场数分别为 43 个、390 个和 79 个；电影院数分别为 231 个、263 个和 214 个[①]。此外，国际城市还拥有发达的文化产业。在文化氛围浓郁的环境熏陶下，国际城市的居民具有较高的文化素养。

总之，作为国际科技、教育和文化中心的国际城市，是科技创新的发源地，是先进文化的策源地，是国际文化交流和传播中心。

3. 国际交通枢纽和信息中心

一方面，国际城市因为拥有优越的区位条件，才成为各种运输网络的节点，并逐步演变成为国际城市；另一方面，作为国际城市，其经济实力雄厚，吸引和辐射范围广阔，跨越国界甚至覆盖全球，因此，又会与世界各地发生频繁、密集的人、财、物交流，产生出更多更密集的运输需求，从而有力地促进港口设施和运输网络的进一步发展，使国际城市的交通功能不断升级，成为多

---

① 保罗·贝尔琴等著. 刘书瀚等译. 全球视角中的城市经济. 长春：吉林人民出版社. 2003 年。

种运输网络的中心枢纽。

首先，多数国际城市拥有大港口，是水陆联运的枢纽。陆路运输对所有城市都至关重要，对国际城市更是如此。但与陆路运输相比，水路运输特别是海运对国际城市的形成更加重要，它是国际城市形成的基础，同时也是国际城市的重要职能之一。因为，即使在后工业化社会，国与国之间的物资往来依靠的仍然是规模巨大、价格低廉的海上运输。当代著名国际城市，除巴黎和苏黎世外，几乎都是港口城市，除法兰克福和芝加哥外，绝大多数都是海港城市，如泰晤士河上的伦敦、莱茵河上的鹿特丹等。国际城市的规模和等级与所在河流流域的大小及其经济发展水平成正相关关系，大港口成为国际城市的重要判别标准之一（见表 2-7）。

表 2-7　国际城市的港口条件（1992 年）[①]

国际城市	港　口	航道水深（米）	集装箱吞吐量（万标箱）
东　京	东　京	12	147
横　滨	横　滨	12	188
纽　约	纽　约	10.06～13.5	213
洛杉矶	洛杉矶—长滩	13.5～18.3	412
鹿特丹	鹿特丹	14.5～23.6	402
新加坡	新加坡	10.5～21	756
香　港	香　港	14.6	797

其次，国际城市拥有大空港，是航空网络的重要枢纽。对外交通对城市的发展至关重要，海港和空港更是国际城市发展的生命线。因为国际城市与世界上的其他国家的城市之间存在大量的人员往来和货物交流，而航空运输则是国际乃至洲际联系首选的运输工具。所以，国际城市一般都是国际航空枢纽，拥有一个以上的机场。其中有一个是大型国际机场，年客流量巨大；一个是国内机场，承担区域运输任务。例如，世界上最大的三座国际城市纽约、伦敦、东京，都拥有 2 个以上机场，年客流量超过 6000 万人次（见表 2-8）。

最后，国际城市是全球重要的信息中心。这有两层含义：其一，国际城市是世界信息服务业的重要生产中心；其二，国际城市是世界信息交流中心。

表 2-8 国际城市的国际航空港情况（1990 年）[1]

国际城市	机场数（个）	跑道数（个）	年起降架次（万次）	年客流量（万人次）	年货运量（万吨）
纽　约	3	10	94.87	7479.6	172.08
伦　敦	4	6	55.56	6423.9	91.47
巴　黎	2	6	42.44	4683.6	87.24
东　京	2	4	27.60	6185.3	184.61
大　阪	1	2	13.10	2351.1	44.57
芝加哥	1	6	78.13	5993.6	74.88
洛杉矶	1	9	62.14	4581.0	102.5
法兰克福	1	3	30.85	2871.3	108.35

　　国际城市在全球政治、经济、文化领域占据着控制中心的地位，其科技、教育、通信、咨询、传播、金融、保险、行政管理等部门的发展，为其管理国际事务提供了有力的支持。因此，国际城市成为一个巨大的信息源，成为各种信息的汇聚地。这主要表现在三个方面：一是国际城市传媒业发达。例如纽约，通过全美三大广播网（ABC、NBC 和 CBS）控制着 2139 家电台和电视台，通过《纽约时报》《华尔街日报》《时代周刊》《新闻周刊》等出版媒体影响全美的舆论，控制全国的新闻和娱乐[2]。再如，香港发行有 63 种报纸和 600 多种期刊；伦敦 5 家最大的杂志社出版 100 多种杂志，5 家最大的出版社每年出版 4 万多种书籍。

　　国际城市还是国际会展城市。一般而言，一个城市每年至少举办 150 次以上由 80 个国家和地区参与的国际会议，才能称之为国际城市。1990 年，巴黎、伦敦、新加坡等国际城市是全世界举办国际会议最多的 10 个城市之一，其中巴黎举办的国际会议多达 300 个。香港也享有"国际会展之都"美誉，2001 年举办了 2229 项会展活动，其中大型国际会议 100 多次，参加各种会展的旅客人数为 40 万人。

　　4. 国际人口聚集和人才中心

　　城市发展在一定程度是人口和人才聚集的过程和结果。因此，居住环境好

---

① 周汉民. 世博会是上海建设国际化大都市的重要契机. 城市规划汇刊. 2004 年第 2 期.
② 周汉民. 世博会是上海建设国际化大都市的重要契机. 城市规划汇刊. 2004 年第 2 期.

坏和居住人口规模大小历来是衡量城市发展规模和潜力的重要指标。

　　国际城市也不例外，它之所以能成为世界经济控制、管理、协调中心，原因在于它首先是一个可居住度很高的城市，并以此来吸引国内和国际上各种人才迁移至此，形成巨大的人口规模。从这种意义上讲，国际城市既是居住城市，更是国际移民众多的居住城市。国际城市中外籍人口的比例一般在 5% ～ 20% 之间。例如，纽约拥有 800 万来自世界各地 100 多个民族的移民，其中犹太人约 200 万，非洲裔黑人约 200 万，华人 60 万，是世界第一移民城市，素有"民族大熔炉"之称[①]。

　　由于国际城市是城市群、城市带众多城市中人口规模最大的一座城市，聚集着上千万的人口，是巨大的人口中心，也由于各种新型产业和就业机会增多，国际城市吸引了世界各国的各种专门化人才，人力资源十分丰富。

　　5. 国际政治中心，国际机构聚集地

　　国际城市通常是政治权力的中心。国际城市的政治中心职能可以分解为两个子职能：一是国家首都，全国的行政管理中心；二是国际机构聚集地，国际事务的决策中心。本国的政府机构、非政府机构、国际政府机构、国际非政府机构等，都集中在发达国家的国际城市。1987—1988 年拥有国际组织最多的全球前 10 位的国际城市分别是：巴黎、布鲁塞尔、伦敦、罗马、日内瓦、纽约、华盛顿、斯德哥尔摩、维也纳、哥本哈根，其中伦敦、巴黎、纽约等属综合性国际城市。

　　有些城市如伦敦、巴黎、东京等凭借其首都、全国行政管理中心的地位，对生产要素具有很强的吸引力，导致经济高速发展，从而不断拓展其吸引辐射范围，跨越国界，成为国际城市。

　　但是，在政治中心与经济中心职能相分离的情况下，单纯的政治中心城市很难成长为国际城市，原因在于国际城市是市场经济发展的必然结果。如果一个城市的主要职能界定在行政管理中心上，那么它拥有的产业门类就很有限，许多与行政中心职能相矛盾的产业不能发展，因此，就业种类和就业机会便十分有限，对人口、资本、生产资料等生产要素的吸引力不够强，经济发展缓慢甚或陷入停滞。因此，它只能在特定领域如国际政治事务中发挥决策、管理中心的作用，而不可能演化成高等级综合性国际城市。

――――――――――――――――――

　　① 周汉民．世博会是上海建设国际化大都市的重要契机．城市规划汇刊．2004 年第 2 期。

美国的行政管理中心城市与经济中心城市完全是两个系列。华盛顿是美国的首都、单纯的政治中心城市；而纽约则发展成为世界一流综合性国际城市。美国各州的州府城市在经济实力上也都不能与经济中心城市相提并论，如加州的行政中心是萨克拉门托，而经济中心则是洛杉矶这座世界著名的国际城市。应该说，这与美国的体制以及政府希望尽量减少对经济发展的行政干预的思想有密切关系。

2.3   国际城市的职能分类、等级体系与空间布局形态

研究国际城市，首先必须从其职能分类、等级体系和空间布局形态的剖析入手，从而为国际城市的形成机制和发展模式研究奠定基础。

2.3.1   国际城市的职能分类

国际城市的职能分类，取决于该城市在区域乃至国际劳动地域分工格局中所处的地位和承担的任务，并直接反映在该城市的产业结构上。

根据其职能特征，我们将国际城市分为以下 7 种职能类型：

——国际政治中心城市，是国际机构聚集地、国际事务的管理与决策中心，如华盛顿、布鲁塞尔等。

——国际宗教中心城市，为国际著名宗教发祥地、朝圣地和宗教事务中心，如耶路撒冷、麦加等。

——国际文化中心城市，为国际文化艺术展示与交流中心，如维也纳、雅典、罗马等。

——国际旅游城市，是国际景观旅游中心，如日内瓦、曼谷、拉斯维加斯等。

——国际经贸中心城市，为国际金融、贸易中心，如香港、上海等。

——国际制造业中心城市，是国际著名制造业中心，其一种或几种产品具有很高的国际知名度和广阔的国际市场，如底特律、丰田、青岛、东莞等。

——综合性国际中心城市，集中了国际城市的上述五大职能（如图 2-3 所示），如纽约、东京、伦敦、巴黎等国际城市就属于此类[①]。

---

① 张敦富. 大连国际性城市发展研究总报告. 2000 年内部打印稿。

案例：世界赌城——拉斯维加斯

作为国际旅游城市中的一种特殊类型，拉斯维加斯不仅是美国最大的赌城和娱乐城，也是世界级赌城。它位于内华达州东南角，西南距洛杉矶466千米。早期，这里只是去往加州路上的一个绿洲，周围则是一望无尽的荒漠。自从1830年，西班牙的探险队发现此地，并将这地方命名为"Vegas"（牧草地）后，这名字一直沿用至今。20世纪初，拉斯维加斯随着联合太平洋铁路的修建而逐渐兴起，1905年设市。30年代，内华达州颁布法律，宣布赌博成为合法经营的事业。伴随着各种赌场和娱乐设施在市区纷纷建立，拉斯维加斯迅速成长并发展起来，"赌城"之名也由此传开。

拉斯维加斯如今已是一座拥有160万常住人口的现代化城市，它拥有全世界顶尖的度假酒店、世界一流的国际会议中心、世界一流的大型表演及高科技娱乐设施和有各具特色的风味烹饪饭店。博彩业（赌博业）成为城市的支柱产业，这里每年都能吸引来3700多万世界各地的游客。城市经济主要依赖以博彩业为主的旅游业，博彩业及相关服务和旅游业每年都为这个城市创造了400亿美元的财富，其就业人口占全市就业总人口的比重达到40%以上。

由于拉斯维加斯的博彩业职能成为城市职能体系的主体，其吸引辐射范围波及全世界，因此，拉斯维加斯成为名副其实的世界赌城。

世界社会经济处在一个多元化的时代，国际城市也不例外，它是多层次、多类型的。在国际社会经济生活中发挥上述任何一种职能的城市，都可称其为国际城市。一般而言，多数国际城市兼具两种以上的国际职能。例如，罗马既是国际文化城市，又是国际宗教城市，还是著名的国际旅游城市。实践证明，国际城市的层次越高，所具备的国际职能的种类也越多，国际职能的强度也越大；反之，国际城市的次层越低，所具备的国际职能种类也越少，国际职能的强度也越小。

另外，国际城市的经济职能与政治职能通常是交织、融合在一起的，很难完全分开。有的城市是由政治职能而引发经济发展，成为综合性国际城市的，如伦敦、巴黎；有的城市则是经济发展先行，成为全球的经济中心后，政治职能也逐渐增强，成为综合性国际城市的。例如，纽约是全球顶级经济、贸易、金融、制造中心，由于联合国等国际政府组织及非政府组织在此云集，使之具备了一定的全球政治职能。

虽然存在着多种职能类型的专门化国际城市，如国际旅游城市、国际宗教城市、国际文化城市等，但是，只有高等级、综合性的国际城市才是世界经济的控制、管理、协调中心。因此，本书对各种职能类型的国际城市不作过多探讨，只将研究重点放在高等级、综合性国际城市上，着重研究它的形成机制、发展模式和形成路径。

2.3.2 国际城市的等级体系

国际城市的国际职能强度取决于四个因素：一是国际城市的规模等级和职能特征；二是国际城市的吸引和辐射范围；三是国际城市及其所在国家在世界经济体系中的地位；四是国际城市与世界经济体系联系的方式和密切程度。国际城市所处的等级不同，其国际职能强度也不一样。等级越高的国际城市，其国际职能强度也越大；反之亦然。

1986 年，弗里德曼将世界城市分为四个等级序列：一是核心国家（或地区）的第一序列城市；二是核心国家（或地区）的第二序列城市；三是边缘国家（或地区）的第一序列，四是边缘国家（或地区）的第二序列城市（见表 2-9）。1993 年，弗里德曼又根据世界城市所联结的经济区域的大小及联系强度，将世界城市分为不同的等级类型（见表 2-10）。

表 2-9 按核心—边缘划分的世界城市等级结构[①]

	核心第一序列	核心第二序列	边缘第一序列	边缘第二序列
美 洲子系统	纽约、芝加哥、洛杉矶	多伦多、迈阿密、休斯敦、旧金山	圣保罗	布宜诺斯艾利斯、里约热内卢、加拉加斯、墨西哥城
西 欧子系统	伦敦、巴黎、鹿特丹、法兰克福、苏黎世	布鲁塞尔、米兰、波恩、马德里	—	约翰内斯堡
亚 太子系统	东 京	悉 尼	新加坡	香港、台北、马尼拉、曼谷、首尔

① 资料来源：Friedmann. J. The world city hypothesis. Development and change. 17（1）. 1986。

表 2-10　按空间联系类型和范围划分的世界城市等级体系[①]

空间联系类型	欧洲区域	美洲区域	亚洲—太平洋区域
全球金融联系	伦敦（亦为国家级地域中心）	纽约	东京（包括跨国联系在内：东南亚）
跨国联系	法兰克福（西欧）、阿姆斯特丹	迈阿密（加拉比海、拉丁美洲）、洛杉矶（环太平洋）	新加坡
主要的国内联系	巴黎、苏黎世、马德里	墨西哥城、圣保罗	首尔、悉尼
次要的国内或区域联系	米兰、里昂、巴塞罗那、慕尼黑、杜塞尔多夫—科隆—埃森—多特蒙德（莱茵—鲁尔地区）	旧金山、西雅图、休斯敦、芝加哥、波士顿、温哥华、多伦多、蒙特利尔	大阪—神户（关西地区）、香港（珠江三角洲）

美国学者科恩在确定美国的国际城市在全球城市等级体系中的地位时，使用了"跨国指数"和"跨国金融指数"两个指标。

跨国指数是指某个城市所拥有的全球 500 强工业公司的国外销售额占 500 强公司全部国外销额的比重与这些公司的总销售额占 500 强公司总销售额的比重之比。若跨国指数大于 1，则该城市就是国际城市；若该指数为 0.7～0.9，则该城市为国家级经济中心。跨国银行指数是指某个城市拥有的全球 300 强的银行的国外存款与其国内存款之比。

科恩指出，只有上述两个指标均位于前列的城市，才是世界城市。依此分析美国城市，只有纽约和旧金山这两座城市完全符合这两个指标的要求，是高等级国际城市。在全球城市中，大阪、莱茵—鲁尔城市圈、芝加哥、巴黎、法兰克福和苏黎世则是第二等级的国际城市。

英国学者沙查采用 16 项指标，对欧洲 41 个主要城市进行分类研究，将欧洲城市分为不同的等级。其中位于前两级的城市：第一级是欧洲的首都，有伦敦和巴黎；第二级城市有：米兰、马德里、慕尼黑、法兰克福、罗马、布鲁塞尔、巴塞罗那、阿姆斯特丹。

上述三位学者关于国际城市的等级体系研究有一个共同点，即把国际城市分为两个等级。但科恩研究的样本太少，沙查的研究又限于欧洲，而弗里德曼则把 30 个城市分为两类后，再各细出两个等级，而没有给出一个统一的等级体系。

---

① 资料来源：Fridmann. J. Where we stand：a decade of world city research. World cities in world system. edited by Knox. P. L. & Talor. P. J. Cambridge University Press. 1993。

作者考虑到统计资料的搜集难度及研究重点，只对国际城市等级体系进行定性划分，认为全球的国际城市可分为三级：第一级为全球城市，即世界城市，其职能种类最多，职能强度最大，职能影响范围最广，是全球社会经济的控制中心、决策中心和管理中心，如伦敦、纽约、东京、巴黎。第二级为大区域性国际城市，其职能种类很多，职能强度很大，职能影响范围波及大洲区域，是大区域性国际社会经济的管理与协调中心，如法兰克福、洛杉矶、香港。第三级为跨国国际城市，其职能种类多，职能强度大，职能影响范围波及两个以上的国家或地区，是国际社会经济管理中心，如悉尼、首尔、大阪、上海。（见表 2-11）。

表2-11　国际城市的等级体系

国际城市	国际城市等级	职能种类/强度	吸引辐射范围	案例城市
全球城市或世界城市	高	多/大	大	伦敦、纽约、东京、巴黎
大区域性国际城市	↓	↓	↓	法兰克福、洛杉矶、香港
跨国国际城市	低	少/小	小	悉尼、汉城、大阪、上海

2.3.3　国际城市的空间布局形态

1. 国际城市的空间分布规律

弗里德曼认为，世界城市呈东西带状分布，从东京到纽约，再到伦敦，形成线型全球世界城市圈。这个全球世界城市圈又可分为三个子系统：一是以东京—新加坡为轴线的亚洲子系统，其中东京是世界城市，新加坡是东南亚地区的区域性国际城市；二是美洲子系统，以纽约、芝加哥和洛杉矶为主要中心城市，北连多伦多，南接加拉加斯和墨西哥城，将加拿大、中美洲及加勒比地区的许多小国融入美洲城市圈；三是西欧子系统，以伦敦、巴黎及莱茵河谷轴线（兰斯塔德—苏黎世）为核心。南半球组成约翰内斯堡和圣保罗为中心的子系统[①]（如图 2-4 所示）。

---

① Friedmann, J. The world city hypothesis. Development and change 17 (1) .1986

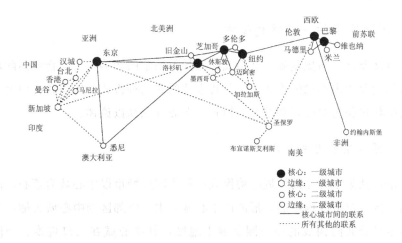

图 2-4　全球国际城市等级体系与分布格局

国际城市的全球分布呈现出以下规律性：

首先，国际城市不是均匀分布的，而是集群分布的，主要分布在北半球。图 2-4 中标出的世界一级、二级国际城市中，北半球占了 4/5，南半球仅占 1/5。

其次，区域经济体系的规模越大，越发达，所拥有的国际城市数目就越多。例如，西欧和北美经济体系是世界上最大的两个经济体系，它们囊括了 4 个世界一级国际城市中的 3 个，国际城市总数占全球的 1/2 以上。反之，经济落后地区拥有的国际城市就很少，如非洲经济体系仅有一座国际城市约翰内斯堡。

第三，国际城市的分布与城市群、城市带分布密切相关。一般而言，一个城市群或城市带，会培育出 1～3 座国际城市。例如，日本的太平洋沿岸城市带培育出东京和大阪，欧洲中部城市带培育出伦敦和巴黎，美国的五大湖城市带培育出芝加哥，美国的波士华城市带培育出纽约，美国的南加州城市带培育出洛杉矶；等等。

第四，国际城市所处的城市群、城市带的人口规模越大，经济实力越强，该国际城市在世界城市等级体系中所处的地位越高。例如，欧洲中部城市带和美国波士华城市带是世界上最大的两个城市带，他们培育出了全球最高等级的世界城市伦敦、巴黎和纽约。

第五，国际城市的地域结构呈复合城市状，一般表现为大都市地区、城市圈和城市群。

2. 国际城市的地域结构模式

在自然条件、历史基础、社会文化背景等因素的影响下，综合性国际城市的地域结构呈现出不同的模式，最具代表性的有三种模式：即圈状集中为主模式、放射状扩张为主模式和双子城模式，下面分别加以论述。

(1) 圈状集中为主模式

所谓圈状集中为主的地域结构模式，是指国际城市以中心城为核心，由中心城向周围一定范围内扩展，形成以中心城为主、以郊区副中心城为辅，与郊区众多卫星城共同构成的一个圈状城市地区，其中心城在人口规模、经济实力、用地面积等方面都占据绝对优势，它主导着国际城市的发展。

圈状集中为主模式的优点如下：首先，以高密度开发、布局紧凑的中心城为主，用绿带严格限定中心城的扩张，节约用地；其次，以疏散的郊区化居民点为辅，形成大量开敞绿化空间，缓解了城市开发与生态环境保护之间的矛盾；第三，采用交通导向式开发模式，以轨道交通如地铁干线引导城市开发活动的走向，形成以公共交通为主、私人交通为辅的交通系统，很好地协调了城市发展与交通拥堵之间的关系。第四，可以低成本配套建设水、电、路等基础设施，城市运营成本较低；第五，城市居民工作、生活出行距离较近，城市氛围浓郁，交往需求易于满足。

圈状集中为主模式的缺点有以下几个：一是中心城规模过大，其用地功能分区不十分明确，容易造成空气污染；二是城市用地大面积集中连片布置，致使城市中心区交通流量过大，拥堵严重；三是郊区化扩展不力，卫星城规模不大，功能有限，城市集中式发展的趋势难以遏止[1]。

香港是采用圈状集中为主模式的成功案例，它不仅充分利用了这种地域结构模式的优点，还在一定程度上避免了这种模式的负面影响。众所周知，香港是一个综合性国际城市，是国际出口加工营运中心、国际贸易中心、国际金融中心、国际旅游中心、国际航运中心和国际信息中心。由于香港面积狭小，总陆地面积为 1092 平方千米，其中 80% 是不适合城市开发的山坡；人口规模较大，近 700 万人[2]。由于城市的地域结构采用圈状集中为主模式，把城市人口

---

① 李丽萍. 城市人居环境. 北京：中国轻工业出版社. 2001 年.

② 胡兆量. 香港——珠三角城市群的龙头. 城市问题. 2004 年第 2 期.

主要集中在位于九龙和港岛上的中心城,留下大量空地发展绿化,香港政府对土地采取严格控制,绿化带不能进行土地开发。因此,香港不仅是世界上人口密度最高的城市之一,也是亚洲著名的绿色城市之一。另外,香港轨道交通和公交系统发达,虽然人口密度很高,但交通状况依然良好。

(2) 放射状扩张为主模式

所谓放射状扩张为主的地域结构模式,是指国际城市由中心城及沿放射状高速公路网向周围大范围区域无限制蔓延形成的成众多郊区化城市共同组成的一个多中心的城市地区,其中心城在人口规模、经济实力、用地面积等方面并不占绝对优势,相对而言,郊区化的城市不仅数量众多,而且规模较大,职能各异,它们与中心城市一起构成国际城市的主体,主导着国际城市的发展。

放射状扩张为主模式具有以下优点:第一,城市发展以离心运动为主,中心城的规模扩张受到一定程度的抑制;第二,分散布局的郊区化城市,由于其与自然生境高度融合,城市可居住度大大提高,城市景观环境得到优化;第三,郊区专门化城市众多,如居住型城市、工业城市、旅游城市等,化解了集中布局在同一城市内的不同功能区如工业区与居住区之间的矛盾。

放射状扩张为主模式的缺点也十分突出:第一,浪费土地资源。一方面,采用放射状扩张为主模式的国际城市,其开发由中心城向郊区无限制蔓延,城市开发的集约化程度很低,土地浪费现象十分严重;另一方面,在大范围区域内分散分布的郊区城市的运转,需要依赖密集的高速公路网络支撑,而修筑高速公路也会占用大量土地。第二,城市建设和运营成本高昂。高速公路建设成本高,交通拥堵现象严重,长距离通勤使城市居民付出了巨大的时间和精神成本。第三,中心城市衰退。由于中高收入阶层迁移到郊区,在造就郊区化城市繁荣的同时,也使中心城陷入无止境的衰退之中。由于中心城居住着大量低收入者,致使城市税基薄弱,政府财政拮据,出现了交通拥堵、空气污染、治安恶化等问题。第四,居民出行不便。由于城市布局过于分散,且交通网络以高速公路网和私人交通为主,公共交通相对滞后,致使绝大多数人出行要依赖私人小汽车,汽油的浪费十分惊人。

洛杉矶是采用放射状扩张为主模式的典型。大洛杉矶包括洛杉矶县及奥兰治县(又称桔县)和文图拉县的一部分,面积为 10567 平方千米,人口逾千万,是美国第二大都市区,世界著名国际城市。其中洛杉矶市区,面积约1204 平方千米,占大都市区面积的 11%;人口为 348 万(1990 年),占大都市区人口的 35%。城市采用放射状扩张为主的地域结构模式，由中心城及其周围近百座郊区化城市组成。由于郊区城市星罗棋布，中心城市与郊区之间的反差并不大，因此，洛杉矶的城市与郊区的分异并不十分明显，郊区即是城市，城市也充满郊区的韵味。高度分散的城市地域结构导致高速路网十分发达，1970 年，洛杉矶中心城 1202km² 的范围内拥有高速公路 225km，洛杉矶地区 3548km² 范围内拥有高速公路达 450km，其高速公路网闻名遐迩。1970 年，洛杉矶开小汽车上下班的人数为 9.9 万人，占各种运输方式的 63%，因此，洛杉矶被称为汽车轱辘上的城市[①]。

洛杉矶之所以采用放射状扩张为主模式是由特定的自然条件和社会历史背景决定的。一方面，加州是一个地震频发区，采用分散式城市地域结构模式，可以很好地疏散人口，避免地震灾害造成的损失；另一方面，包括加州在内的美国是一个地广人稀、资源丰富、油价低廉的国家，战后又面临着大量退役老兵安置问题。因此，美国政府鼓励城市郊区化，从而刺激了城市道路建设和汽车工业的发展，创造了众多的就业职位，有力地拉动了美国经济发展。放射状扩张为主模式在美国的国际城市特别是洛杉矶的发展中得到了很好的实践，对拉动美国经济、促进城市群、城市带及国际城市的形成与发展发挥了积极的作用。但放射状扩张为主模式的弊端也在实践中不断显现，无限制蔓延的郊区化导致的内城衰退、治安状况差、空气污染严重、文化消逝等城市问题日益突出。

(3) 双子城模式

无论是圈状集中为主模式，还是放射状扩张为主模式，其国际城市都是围绕一个中心城市展开的，中心城市的地位与作用十分突出。但现实中也存在双中心的国际城市，即双子城模式。所谓双子城模式，是指由两个规模庞大、空间距离较近、职能互补的城市一起，共同构筑一体化的基础设施，建立密切的分工与合作关系，履行国际城市的职能，从而形成的一种新型国际城市地域结构模式。

常见的双子城市，其合作有两种形式：一是分居一条河流两岸的双子城，如美国明尼苏达州密西西比河畔的圣保罗和明尼那波利斯双子城；另一种是首都与港口城市结合而成的双子城，如日本的东京和横滨、韩国的首尔和釜山、

① 李丽萍. 城市人居环境. 北京：中国轻工业出版社. 2001 年。

中国的北京和天津①。

　　对比二者可以看出：前一种双子城中两个城市的空间距离非常小，双城之间是一条自然的障碍，它们是由于空间上的相互接近而加强合作形成的双子城的；后一种双子城中两个城市的空间距离较大，其间并无自然障碍，二者是出于发展上的需求而结合到一起的，通过职能上的分工与合作，共同承担国际城市的职能，这就是人们通常所说的双子国际城市。

　　采用双子城模式发展国际城市的关键是协调好组成城市之间的关系，圈状集中为主模式和放射状扩张为主模式也不例外。

　　首先，组建统一的大都市区政府或半官方性质的地方政府联合组织，对两个中心城市进行协调管理。例如，美国的圣保罗和明尼阿波利斯双子城于1967年在明尼苏达州立法院授权下组建了大都市区议会（MUC），管辖7个县，议会共有17名成员，由州长提名任命，一般是一个城市设一个代表。MUC的主要职责包括两项：一是对大都市区内的实际事务进行长远规划，对一些长远支出预算进行审查；二是对一些都市组织如交通局、垃圾处理委员会、航空委员会提供咨询服务。再如，美国的南加州政府协会成立于1966年，管辖范围涉及洛杉矶县、奥兰治县和河边县等6个县、188个城市、1600万人口、3.8万平方英里的区域。辖区的188个城市中有135个在自愿的基础上参加了协会。协会设有董事会，重大问题由董事会表决决定。现有董事会成员70个，规模较大的城市一市一个董事，一些小城市则联合推选一个董事，董事会成员必须是民选官员②。

　　其次，制定大都市区的区域城市规划，协调交通、通信、供水、供电、排水、废物处理等规划，共同构建区域性基础设施网络。美国南加州城市协会的主要职能是，制定交通、住房、空气质量、水资源等方面的区域性规划，它在编制和实施区域性交通规划方面成绩卓著。美国南加州城市带中不仅高速公路、城市铁路（Metro-link）形成了一体化网络，甚至公共汽车线路也进行了跨城市的布局与管理。例如，洛杉矶大都市区的奥兰治县，由县交通局对全县域范围内的公路汽车交通线路设置、定价、车辆调度等进行统一管理，收到了很好的效果。再如，洛杉矶县环卫局对洛杉矶大都市区内的供水、废水处理、垃圾填埋设施等进行统一布局与管理，确保了整个大都市区内各个城市的正常运转。

---

① Enorth. com. cn
② 黄勇等. 美国大都市区的协调管理及其启示. 决策咨询. 2001 年第 2 期。

　　最后，明确大都市区内各个城市之间的职能分工，避免城市与城市之间的恶性竞争。在城市之间建立优势互补、相互依存、紧密合作、共同发展的良好关系。特别是双子城中的两个城市，只有很好地协作，才能形成共生共荣的态势。例如，北京和天津是一对典型的双子城，北京作为首都及经济文化中心，重点发展高端商务和服务业，天津作为港口，重点发展物流及现代制造业，二者之间有很好的互补性，合作空间很大。

第3章 国际城市的驱动
力量与外部环境

本章着重研究世界经济增长重心转移的轨迹与规律及其对国际城市形成的推动作用，阐述技术创新及其引发的经济长波对国际城市的影响与拉动，剖析城市群、城市带这个国际城市生成的外部环境，为国际城市形成机制、发展模式与形成路径研究奠定基础。

3.1 国际城市形成的外部推力：世界经济增长重心转移

经济资源在全球的分布并不是均匀的，而是在一些地区高密度聚集，形成世界经济增长重心区。同时，世界经济增长重心的分布也不是一成不变的，它受到政治、经济、科技等多种因素的影响，会在全球范围内转移，使世界经济格局由单中心演变成多中心。在新的世界经济增长重心区域，会崛起一个新的国际城市。因此，世界经济增长重心转移是国际城市形成的重要外部推动力量。

3.1.1 世界经济增长重心的概念与内涵

重心是物理学的一个概念，它是指物体各部分所受重力合力的作用点，也是力的平衡点。将重心的概念用来阐述世界经济分布格局时，就出现了世界经济重心和世界经济增长重心两个概念。前者是指世界经济中生产规模最大、经济实力最强、市场容量最大、出口最终产品最多、技术创新能力最强的某个区域，是世界资源、资金、技术、产业、人口和文化的高度密集区，在世界经济体系中占据控制和垄断的地位。后者则是指世界经济中经济增长速度最快、经济动力最强、经济潜能最大、经济发展最具活力、对世界经济增长的贡献份额最大、最终需求和外贸出口增长最快、引进技术和吸引外资最多的某个区域[①]。

① 蔡来兴. 国际经济中心城市的崛起. 上海：上海人民出版社，1995 年。

　　世界经济增长重心与世界经济重心是两个既相互联系又完全不同的概念。它们的共同点如下：第一，它们都是用来刻画世界经济分布与发展格局的概念，其所代表的区域在世界经济中均占据举足轻重的地位；第二，它们都处在不断的发展变化之中，一个区域会成长为世界经济增长重心区，世界经济增长重心进而会演变成世界经济重心，而世界经济重心还会发展蜕变成为一个一般区域，这个更迭过程是循环往复的，充分体现了世界经济的动态性特征。它们的区别主要有两点：第一，世界经济重心反映的是世界经济的现状格局；而世界经济增长重心则揭示了世界经济发展的动态趋势和未来分布格局，是世界经济发展的动力源和增长极。第二，世界经济重心是成熟的世界经济增长重心，而世界经济增长重心则是世界经济重心的前身。

　　由于影响世界经济发展的内在因素和外部条件无时无刻不在发生着变化，世界经济分布格局也处在不断的发展变化之中，在旧的世界经济重心渐显颓势的同时，新的世界经济重心蓬勃兴起。因此，关于世界经济增长重心转移轨迹及规律的研究对于揭示国际城市的形成机制具有重要的现实意义。

　　我们将世界经济增长重心发生的空间位移现象称为世界经济增长重心转移。不同时期，世界经济增长重心转移表现出不同的特点。

　　工业社会及其以后的世界经济增长重心转移与前工业社会有着本质的区别。前工业社会及前工业社会向工业社会的过渡时期，世界经济增长重心转移意味着旧的重心区被新的重心区取代，是绝对的转移。它可以表现为一个航运、贸易中心取代另一个农业文明的中心，如意大利取代中国；或表现为一个贸易中心取代另一个类似的贸易中心，如荷兰取代意大利；或表现为工业经济中心取代另一个航运、贸易中心，如英国取代荷兰。垄断地位被取代的国家都是依靠广大的农业区域和优越的地理位置、便捷的航运条件发展起来的，而不是依靠大工业建立霸权的。因此，这种转移是绝对的，是不可逆转的。

　　而在工业化社会及其以后时期，世界经济增长重心的转移意味着在新的世界经济增长重心出现的同时，旧的世界经济重心依然存在，而不是消亡，只是其地位相对于新兴的世界经济重心区而言有所下降或发展势头减弱而已。原因在于，旧的世界经济增长重心国家是依靠大工业而发展起来的，例如英国，其经济基础坚实，它不会随经济增长重心地位的消失而被摧毁，相反，还会存在和发展下去，并支撑其本国的经济体系。因此，这种世界经济增长重心的转移被称为相对转移，世界经济增长重心在转移的过程中个数增多了。

　　本文所研究的世界经济增长重心转移指的就是这种相对转移。

3.1.2 世界经济增长重心转移的轨迹

18 世纪工业革命以后，世界经济增长重心首先在英国形成，继而转移到欧洲大陆，后又转移到北美洲的大西洋沿岸及五大湖地区，现又呈现出向亚太地区转移的趋势。

1. 工业革命催生第一个世界经济增长重心——英国

英国是工业革命的发祥地，也是世界上第一个实现工业化的国家。自 18 世纪 60 年代起，以蒸汽机发明为标志的工业革命在英国爆发，为英国经济增长提供了强劲动力，使英国在其后的 100 多年间，经济一直保持着高速增长，在 1850—1870 年间达到顶峰，成为当时的世界工厂和世界经济增长重心区。

1820 年，英国约占世界工业生产的 50% 和世界贸易的 18%。1870 年，英国在世界工业生产中占到 1/3，主要工业品的产量更是居于垄断地位，如煤炭、生铁、棉花的产量分别占世界产量的 1/2 左右。同时，英国在世界贸易总额中的比重也达到 25%，拥有的商船吨位数雄居世界第一。19 世纪中叶，英国在世界工业、贸易、金融、海运等领域均处于垄断地位，成为名副其实的世界工厂，世界各国成为其原料供应地和消费品市场。英国有 1/2 以上的工业品用于出口，其中棉纺织品出口率达 80% 以上。在此基础上，作为英国的首都和最大的经济中心城市，伦敦也迅速崛起为新的国际城市。

英国作为世界经济增长重心，其形成有着多重而深刻的原因。首先，以创新求实、开拓竞争、平等自由观念深入人心及社会利益主体结构和政治权利结构多元化为特征的开放式的资本主义社会体系，为英国经济的快速发展创造了适宜的外部环境。其次，以蒸汽机为代表的一系列技术创新激发了巨大的生产潜能，帮助英国完成了由作坊式手工业向机器大工业的过渡，劳动生产率得到空前提高，英国成为当时世界上工业最先进的国家。第三，英国的经济结构经历了三次飞跃，由传统的单一农业经济结构，发展为以棉纺织业为主导的民族工业，进而形成以能源、冶金、机械、纺织为主的完整的工业体系，经济结构的不断高级化释放出巨大的结构转换力，推动英国经济持续高速发展[1]。

---

① 李翔等.经济中心运行轨迹的透视.成都：四川人民出版社,1989 年。

2. 世界经济增长重心由英国向欧洲大陆及大洋彼岸的转移

世界经济增长重心由英国首先向欧洲大陆转移。19世纪以后，欧洲大陆的法国、德国、比利时、荷兰、意大利及北美洲的美国等先后开始了本国的工业革命，进入工业化时期。虽然起步比英国晚，但资本主义制度的优越性和工业化的巨大威力依然使这些国家的经济增长焕发出无限的活力，经济发展加速技术创新，技术创新助推经济增长，使这些国家成为吸引生产要素的增长极点，国际产业纷纷向这里转移，世界经济增长重心出现更迭，旧的世界经济重心——英国的地位开始下滑，新的世界经济增长重心，如法国、德国、美国，则先后崛起。

法国工业革命始于19世纪初，1815年以后大规模展开，主要工业品产量急剧增长，如生铁产量由1818年的11万吨增至1869年的138万吨，煤炭产量由1815年的88万吨增至1848年的400多万吨和1869年的1346万吨，至19世纪60年代末工业革命基本完成。此时，法国的经济地位既没有超过英国，又被后起的德国和美国超过。

德国工业革命始于19世纪30年代，源于英国的机器、技术、人才的输入使德国很快由诸侯农业国发展为轻重工业比例协调的工业化国家。在1850—1870年间，科技发明与创新使德国工业具有极强的市场竞争力，主要工业品产量剧增，如煤炭由670万吨增至3400万吨，生铁由21万吨增至139万吨，冶金、机械工业也迅猛发展，整个工业生产翻了两番。1870年，德国在世界工业生产中占到13.2%，超过了英国和法国。1913年，德国工业进一步发展，煤、铁、钢产量分别比1870年提高了7.2倍、12.9倍和107倍，电机、电气、造船、化学工业迅速崛起，德国在世界工业生产总量中占到16%，成为仅次于美国的第二大工业强国，新的世界经济增长重心在此诞生[①]。

世界经济增长重心在欧洲大陆稍作停留后，又向北美洲的东海岸转移，大西洋两岸经济共同繁荣，标志着世界经济进入了大西洋时代。如果说法、德、比、荷、意等欧洲国家的发展道路与英国有相似之处的话，那么美国东海岸的经济腾飞之路却有着耐人寻味的意义。

美国工业革命始于19世纪初，1840年以后进入高速增长阶段，1860年，工业生产仅次于英、法、德三国，居世界第四位。1865年后，美国经济再次

① 李翔等. 经济中心运行轨迹的透视. 成都：四川人民出版社. 1989年。

进入高速发展期。1870—1913 年，美国工业呈跳跃式发展，工业生产增长了 8 倍多，先后超过法、英、德等国。1913 年，美国煤、铁、钢的产量相当于英、法、德三国产量之总和，电气、汽车、石油、化学、橡胶等新兴工业也居世界首位，在世界工业生产中的比重上升至 38%，成为世界第一工业强国，新兴的世界经济增长重心在美国的东北部基本形成。

进入 20 世纪以后，经历了两次世界大战和 30 年代的经济大危机，英国的地位更加衰落，而美国则将第二次、第三次科技革命的成果用于生产，充分利用有利的国际环境和国际关系发展经济，与英、法、德等国的差距在拉大，在世界经济、政治舞台上成为名副其实的霸主。20 世纪 50 年代，美国工业生产占资本主义世界的 50%，出口贸易占 1/3，黄金储备占 3/4，是世界第一大资本输出国。如果说 19 世纪是英国或欧洲人的世纪的话，那么 20 世纪就是美国人的世纪。世界经济增长重心完成了由英国及欧洲大陆向大西洋彼岸的转移。

美国作为世界经济增长重心的崛起，原因主要有以下几点：第一，民主、开放的资本主义制度取代了农奴制度，生产力得到极大的解放。第二，应用理论研究成果丰厚，科技发明数不胜数。1850—1960 的发明有 2.5 万项，19 世纪 60—90 年代的发明高达 67.6 万项。技术创新成为美国经济飞速发展的强大引擎。第三，主导产业适时更替。1860 年，美国以面粉加工、棉纺织、木材加工和制鞋业为主；20 世纪初，钢铁、汽车、石化、电气、电子工业等成为新的主导产业。产业结构的调整升级使经济规模和质量双丰收。第四，美国向世界各国敞开国门，吸引各国专门人才移入，为美国经济腾飞奠定了人力资源基础。

3. 世界经济增长重心向亚太地区的转移

世界经济增长重心向亚太地区的转移表现在两个方面：一是美国经济由东北部地区向西海岸和南部的推移；二是欧洲和北美经济向亚太地区的转移，表现为日本经济奇迹和亚洲四小龙的崛起。

20 世纪 70 年代的经济大危机，使美国东北部经济重心区受到沉重打击，而南部，特别是加利福尼亚州、德克萨斯州和佛罗里达州等地，以其低纬度的区位、温暖湿润的气候、高密度的人才优势，吸引要素资源向这里流动，经济奇迹般高速发展。20 世纪 70—90 年代，加州制造业职工增长率是美国平均值的 5 倍，生产总值增长率是全美平均值的 3 倍。加州集中了大量的科技人才，拥有航空航天、计算机、遗传工程等高新技术产业，拥有美国最大的商业银行和影视制作基地，在美国社会经济体系中的地位举足轻重。美国西部、南部各州的崛起，掀起了美国历史上阳光带兴起的新篇章，标志着美国经济增长重心的南移、西移的开始。

第二次世界大战后，美国不仅向欧洲和日本提供了巨额资金援助，而且向他们输出了大量实用技术。西欧和日本则充分利用这一发展机遇，迅速发展经济，增强实力，动摇了美国在世界经济中的绝对优势地位。20 世纪 60—90 年代，以日本和亚洲四小龙为代表的东亚地区经济持续高速发展，以及 80 年代以后中国大陆的经济腾飞，使太平洋西岸经济迅速繁荣，并形成与太平洋东岸遥相呼应的局面，从而引发世界经济增长重心向亚太地区转移，也标志着太平洋经济时代的到来。

与此同时，日本经济进入高速增长期。20 世纪 50 年代中期至 70 年代中期，日本国民生产总值增长速度保持在 10％左右，是美国的 3 倍，英国的 3～4 倍，为意大利、法国、联邦德国的 2 倍。日本不仅迅速缩小了与其他资本主义国家的差距，还先后超过了英国、法国和联邦德国。日本占世界工业总产值的比重在 80 年代初达到 10％，成为仅次于美国的第二大经济强国。

1965—1980 年，亚洲四小龙——韩国、新加坡、中国台湾、中国香港的国民生产总值增长速度高达 9％～10％，它们以出口为导向，引进先进技术，升级产业结构，承接了造船、钢铁、石化、纺织、机械、电子等国际产业转移，崛起为新的工业化国家和地区。

自 1978 年改革开放以来，中国经济实现了持续、稳定、高速发展。20 世纪 80 年代至 90 年代中，中国经济以 10％以上的高速度增长，亚洲金融危机后，中国经济增长速度仍保持在 7％～9％，是资本主义国家的 2～3 倍。2001年，中国的国内生产总值达到 1.2 万亿美元，占世界总量的 3.8％；制成品出口 2662 亿美元，占世界总量的 5.3％。

上述事实表明，世界经济增长重心向亚太地区的转移业已开始，太平洋经济时代已经到来。

3.1.3　世界经济增长重心转移的规律

随着内在因素和外部条件发生变化，世界经济增长重心也在不断变化、迁移。实践证明，世界经济增长重心转移遵循以下三个规律。

1. 产业转移为先导，贸易转移为主体，综合实力转
   移为标志

世界经济增长重心转移是从产业转移特别是制造业的国际转移开始的。

由于世界经济增长重心区的生产成本不断提高，比较优势渐渐丧失，而经济全球化和一体化使得要素和产业在全球范围内自由流动成为可能，生产性产业特别是制造业便向动态比较利益高、潜在市场容量大的国家和地区转移。产业转移过程中，伴随着资金的转移和技术的转移。在这个过程中，直接投资和跨国公司发挥着重要作用。接受国际产业转移的国家和地区会逐渐成长为世界经济中新的生产基地和生产中心。

国际产业转移呈现梯度转移的规律。从产业层次来说，沿着劳动密集型产业—资本密集型产业—技术密集型产业的方向进行转移升级。例如，20 世纪50—70 年代的国际产业转移以纺织、钢铁、石化工业为主；80—90 年代以电子、IT 制造业为主。从地区层次上来说，转移目的地以已具备一定工业基础的国家和地区为重点，然后再扩大到其他国家和地区。（如图3-1所示）。

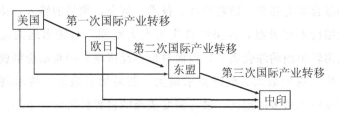

图3-1　20世纪50年代以后的三次国际产业转移

此外，国际产业转移呈现进程日渐加速、规模不断扩大的态势（如图 3-2 所示），跨国公司成为国际产业转移的最佳载体。1990 年，世界对外直接投资流量为 2300 亿美元，1995 年达到 3573 亿美元，1999 年升至 7999 亿美元。20 世纪 70 年代以来，跨国公司发展迅猛，数量不断增多。据统计，1968 年全球共有跨国公司 7276 家，1988 年增至 2 万家，1996 年将近 4 万家。20 世纪 80 年代，跨国公司年生产总值占资本主义世界总产值的 50％，贸易额占全球贸易额的 80％。20 世纪 90 年代后，跨国公司在世界经济体系中的地位及对国际产业转移的推动作用日趋重要[①]。

在生产性产业国际转移即将完成时，贸易的国际转移就拉开了序幕，成为

① 陈秀山．中国区域经济问题．北京：商务印书馆．2004。

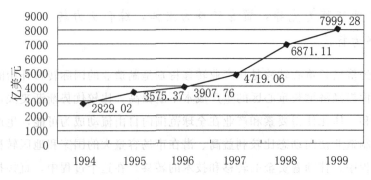

图 3-2　世界直接投资变化（1994—1999）

世界经济增长重心转移的主体。一方面，国际产业转移促使世界贸易格局发生相应变化，导致世界贸易的重心向产业转移接受地转移；另一方面，知识经济的发展加速了发达国家产业结构的知识化、高度化，使国际产业转移呈现出高度化趋势。国际产业转移的重心由制造业向服务业转移，金融保险业、贸易服务业日益成为国际产业转移的重点领域。服务业占国际直接投资的比重，20世纪70年代为28%，90年代增至50%，目前达60%以上。

最后是综合实力转移。随着产业、技术、资金、贸易的转入，接受国家或地区的产业结构不断升级，经济综合实力大大增强，与转出地的差距越来越小，甚至超出转出地的综合实力，因而对世界经济增长的贡献份额就会越来越大，并成为生产规模最大、最终需求最大、贸易增长最快、技术创新能力最强、吸纳国际资本最多的地区，最终演变成新的世界经济增长重心。综合实力转移的完成标志着世界经济增长重心转移的完成。

2. 转移速度加快，转移周期叠加，转移难度递增

科学技术创新层出不穷，交通通信网络覆盖全球，经济全球化和一体化进程不断深入，生产要素和产业活动在全球范围流动，使得世界经济增长重心转移的速度在加快。

1760—1850年，英国作为世界经济增长重心，历时近100年。此后，世界经济增长中心开始向欧洲的法国、德国及北美洲的美国转移，法国于19世纪60年代基本完成工业革命，德国则在19世纪70年代经济达到高峰，实力超过英、法、意等国。美国经济在20世纪10年代中就超过了英、法、德等国，跃升为世界第一大经济强国。但美国中心的时代不足70年。20年代70年代后，日本及亚太地区经济崛起，结束了美国单中心的时代，揭开了美国和

日本双中心时代的序幕。

各国工业化的时间在缩短，从一个侧面说明世界经济增长重心转移周期在缩短，世界经济增长重心转移周期相互叠加。

国际产业转移的难度在递增。一般来说，劳动密集型产业所要求的技术水平不高，厂商面临着竞争比较完全的市场结构，跨国投资者对这方面的技术控制也较弱，原材料等中间产品比较容易实现本地化生产和采购，因此，发展中国家也比较容易成功地接受这类产业。但是，对资本密集型、技术密集型产业来说，跨国投资者面临的市场结构多为垄断竞争和寡头垄断的市场结构，他们有动力和能力严格控制技术的转移和扩散。另一方面，这类产业对零部件和原料有较高的技术要求，要实现中间产品的本地化生产和采购，发展中国家必须在发展当地相关产业和开发人力资源方面做相当多的工作。因此，由劳动密集型产业到资本密集型产业和知识密集型产业，由制造业到金融贸易等高等级服务业，接受国产业升级的难度在加大，即国际产业转移的阻力也在加大。

随着产业层次的提高，国际产业转移的难度在加大；同时，国际贸易转移，乃至综合实力转移的难度会更大。所以，世界经济增长重心转移的结果，既不是新的增长重心取代旧的增长重心，更不是旧的国际中心城市的衰退或消亡，而是新的增长重心和国际中心城市的崛起，它们将与旧的增长重心和国际中心城市并存，只是孰重孰轻，对比关系发生变化而已。

3. 单方向转移演变为一方向为主多方向转移并存

如前所述，在前工业社会及向工业社会过渡阶段，世界经济增长重心转移是单方向的，替代性的，不可逆转的。例如，作为航运和贸易中心的意大利取代农业文明中心的中国，作为航运和贸易中心的荷兰取代同类型中心意大利，作为工业经济中心的英国取代荷兰的航运和贸易中心。单方向转移意味着新的世界经济增长重心诞生的同时，旧的世界经济增长重心在衰退或消亡，世界经济增长重心通过转移，个数并没有增多，世界经济体系依然保持单中心结构。

在工业社会及后工业社会，世界经济增长重心转移演变为一方向转移为主、多方向转移并存的局面，甚至出现逆向转移。例如，进入 19 世纪后，世界经济增长重心由英国向欧洲大陆的法国、德国、意大利等国转移，同时也开始向大洋彼岸的美国转移。不同的是，前一个转移持续时间很短，是次要方向的转移，而后一个转移持续时间很长，是主要方向的转移。进入 20 世纪 50 年代以后，世界经济增长重心开始由美国向欧洲各国转移，这与 19 世纪由英国及欧洲各国向美国的转移方向完全相反,可称之为逆向转移,是次要方向的转移;同时,世界经济增长重心还由美国向日本、中国、韩国等东亚国家转移,是主要方向的转移,它揭开了世界经济向亚太地区转移的序幕。

人类进入工业化社会和后工业化社会后,世界经济增长重心的转移表现出多方向、多轨迹性、可逆性,不再是沿单一的路线转移了,只是在众多转移路线中,始终存在一条主要的线路。世界经济增长重心转移的结果有三个:首先,不同国家在工业、科技、金融、贸易等方面各自在某一方面或几方面占据优势,形成不同类型的增长重心;其次,不同国家在同一领域共存,同时占据优势地位,形成该领域内的多个世界重心共存的局面;最后,不同国家经济实力和地位的差距在逐渐缩小,世界经济格局呈多极化或多中心态势。

3.1.4　世界经济增长重心转移与国际城市的形成

如图 3-3 所示,在技术创新的拉动和比较优势的推动双重作用下,世界经济增长重心开始转移,先是生产性产业的国际转移,继而是贸易的国际转移,最后是金融中心和综合实力的国际转移。世界经济增长重心转移到一个新的国家或地区,接受转移地成为新的世界经济增长重心区域。转移过程不仅会拉动当地经济持续高速增长,而且会加剧人口和城市向这里聚集,城市个数会随之增多,规模不断扩大,出现了大都市地区,数个大都市地区又会衍生出 1～2 个城市群和城市带,在城市群或城市带中诞生了 1～3 个不同等级的国际城市。

例如,19 世纪初至 20 世纪中叶,由英国向美国的世界经济重心转移,创造了美国经济高速发展的奇迹,使美国很快便超过了英国,成为世界第一大工业国。在美国经济发展和世界经济增长重心转移过程中,美国的东北部地区形成了波士华城市带和五大湖城市带,在这两个城市带中崛起了纽约、芝加哥等国际城市。可见,世界经济增长重心转移是国际城市形成的外部推力(如图 3-3)所示。

图3-3　界经济增长重心转移与国际城市形成之关系

3.2　国际城市发展的内在动力：科技创新

虽然世界经济增长重心转移能够催生新的国际城市，但是，如果一个城市缺乏科技创新的内在动力，那么，上述论断也就不能变为现实。因为，科技创新是城市经济发展的驱动源，而城市经济发展则是国际城市形成的动力。

由于科技创新包含有科学发展与技术创新两个层面的含义，且以后者为主，本书为了论述的方便，将科技创新视为技术创新。

3.2.1　技术创新的概念与意义

1. 技术创新的概念

不同学者从不同的角度赋予技术创新以不同的内涵。美国学者曼斯菲尔德认为，当一项发明被首次应用时，就可以称之为技术创新。英国科技政策研究专家，经济合作与发展组织（OECD）的经济顾问克里斯托夫·弗里曼教授认为，技术创新是指在第一次引进某项新的产品、工艺的过程中所包含的技术、设计、生产、财政、管理和市场等诸多环节的活动。美籍奥地利经济学家约瑟夫·熊彼特（Joseph Schumpeter）在其 1912 年出版的《经济发展理论》中也提出技术创新的概念。他认为，技术创新就是企业家抓住市场机会重新组合生产要素的过程，并将技术创新归结为下列五种情况：引进新产品或生产出新质量的产品；采用新的生产方法；开拓新的商品市场；获得原料或半成品的新的供应来源；实行新的企业组织形式。

我国学者傅家骥认为：“简单地讲，技术创新就是技术变为商品并在市场上销售得以实现其价值，从而获得经济效益的过程和行为。”[①] 我国学者贾蔚文认为：“技术创新是一个从新产品或新工艺设想的产生，经过研究、开发、工程化、商业化生产，到市场应用的完整过程的一系列活动的总和。”[②]

综上所述，狭义的技术创新概念是指学习、引进、开发和应用新技术并产生经济效益的过程。技术创新过程中，可能涉及围绕某种产品或工艺的创新而

---

① 傅家骥等. 企业技术创新：推动知识经济的基础和关键. 科技日报. 1998 年 8 月 1 日。
② 贾蔚文等. 技术创新——科技与经济一体化的发展道路. 北京：中国经济出版社. 1994 年。

展开的研究与开发活动。一种新产品或新工艺，可以由一项技术创新决定，也可以是多项技术创新的结果。

由此，我们可以发现：

第一，技术创新不同于创新。二者虽有交叉，但又不同。技术创新主要指产品创新、工艺创新、产品和工艺的明显技术改变；而创新则是一个更广泛的概念，可以涉及科学发现、技术发明、技术创新、市场创新、管理创新、组织创新、制度创新、思想和观念创新等。

第二，技术创新不同于技术发明。技术创新一般是指一项专利的首次商业应用，是企业或个人的经济行为，技术创新的结果往往是获取经济利益；而技术发明则是指创造一种新技术的过程，它既可以是一种经济行为，也可以是一种非商业目的的个人爱好，技术发明的结果可以由发明人申请并获得专利。

第三，技术创新不同于技术创新系统。技术创新系统是一个广泛的概念，涉及技术创新活动的内部环境、外部环境及技术创新的源泉和扩散。当从技术创新系统的角度来研究技术创新时，可以涉及从新设想的提出，到研究开发、试制、商品化、产业化直至销售的全过程。

第四，技术创新包含有研究与发明活动。在技术创新过程中，如果所需的技术改进涉及研究与开发活动，那么，这种研究与开发活动则是以商业应用为目的，以某个或某类产品或工艺的引进、改进和生产为导向的，因此，它们也可称之为技术创新。包括相关研发活动在内的技术创新就是广义的技术创新。

20 世纪 80 年代，英国苏塞克斯大学的学者对技术创新进行了分类。他们认为，技术创新包括四种类型：一是渐进式创新，这是一种渐进的、持续进行的改进，即小的创新；二是根本性创新，它属于突破性的创新；三是技术系统的变革；四是技术—经济范式的改变[①]。

2. 技术创新的意义

亚当·斯密（Adam Smith）在《国民财富的性质和原因的研究》（简《国富论》，1776）中将经济增长的原因归结为三个方面：自由市场、劳动分工和新机器形式的技术进步。

熊彼特则将影响经济发展的因素划分为内在因素和外在因素，认为人口、欲望状态、经济和生产组织的变动都是引起生产扩张的外在因素，而只有技术

---

① 柳卸林. 技术创新经济学. 北京：中国经济出版社. 1993 年。

创新才是唯一促进经济增长和发展的内在因素。

技术创新的意义表现在以下几个方面：

首先，对于企业而言，技术创新将新的发明和创造应用于生产领域，使新产品、新工艺、新装备不断涌现，导致资源节约、成本降低、效率提高，企业利润大幅上升。

其次，对于区域或国家而言，无论是自主型技术创新还是引进型技术创新，都会导致新产业的诞生和发展，引起经济增长模式的变革，促进产业结构的调整和升级，拉动国民经济增长和发展，致使经济规模扩大，收入水平提高，人均社会福利状况得到改善。

再次，对于全球而言，技术创新使发展中国家在全球劳动地域分工中的优势增强，国际产业转移的步伐加快，全球经济增长重心转移的周期缩短，从而改变了世界政治经济分布格局，使世界经济由单中心向多极化演进。

最后，对于城市而言，技术创新是城市增长与发展的动力源泉，是城市增强其吸引力和辐射力、强化其竞争力的重要途径，是国际城市形成的内在推动力量。

由此可见，技术创新是经济增长和社会进步的重要驱动力量。18 世纪的工业革命，标志着科技发展对经济发展与社会进步的推动作用进入一个崭新时期。第二次世界大战以后，技术创新对经济发展的拉动作用越来越大，并改变了世界经济格局和国际的力量对比关系。特别是 20 世纪末和 21 世纪初，高科技创新及其广泛应用，使世界经济呈现出劳动生产率提高和物价下降的共同趋势，特别是以高科技为基础的新经济，呈现出高增长、低通胀的特点，克服了传统经济长期以来难以治愈的滞胀病。

例如，1991 年以来，美国依靠高新技术，经济发展出现"三高三低"的良性循环。"三高"：一是经济增长率高，1997 年以来经济增长率都维持在 4% 以上的高速度；二是劳动生产率迅速提高，目前非农业劳动生产率增长率已提高到 4% 以上；三是企业经济效益高，连续 5 年国际竞争力位居榜首。"三低"：一是失业率低，1999 年失业率降至约 4%；二是通胀率低，1999 年消费品通胀率只有 1.9%，为 34 年来最低；三是财政赤字低，不仅巨额赤字已消化完毕，而且从 1998 年开始实现财政盈余 692 亿美元，1999 年更增至 1227 亿美元。美国新经济的发展奇迹再次验证了技术创新推动经济发展的一般性规律。

技术创新导致经济发展，经济发展又促进了社会进步，导致世界经济格局变动和世界城市等级体系的演变，在这个过程中，诞生了新的国际城市。

3.2.2　技术创新与经济长波

世界经济并不是以某一恒定的速度增长和发展的，而是在某一阶段发展速度可能快些，而在另一阶段发展速度可能会慢些，甚至出现徘徊、停滞或负增长。经济增长是世界经济发展进程的一个长期趋势，在这一过程中，快速增长的波峰或低速增长甚至负增长的波谷交替出现，形成所谓的经济增长波动现象，即经济周期。世界经济增长波动周期分为短波周期、中波周期和长波周期三种，又以经济长波周期与重大技术创新关系最为密切，二者表现出高度的一致性。

首次提出长波理论的是苏联经济学家康德拉季耶夫。他于 1925 年发表了《经济生活中的长波》一文，对美、英、法等资本主义国家 18 世纪末至 20 世纪初这 100 年间的批发价格、利率、工资、对外贸易等 36 个统计指标进行研究，认为资本主义的经济发展过程可能存在 3 个长波，每个长波又分为上升期和下降期，长波历时大约 50—60 年[①]。但康氏认为，经济长波产生的根本原因在于资本主义经济运行过程中所固有的因素，它与资本积累有密切关系，从而忽视了生产技术变革的影响，这使他与揭示技术创新与经济长波之间的关系失之交臂。

与康德拉季耶夫不同的是，熊彼特从技术创新的角度探讨世界经济增长的波动现象。他认为，一种技术创新会通过扩散来刺激大规模的投资，引起经济高涨；一旦投资机会消失，便会转入经济衰退。由于技术创新的引进不是连续的、平稳的，而是时高时低的，这就形成了经济增长的波动周期。而且，不同的创新活动对经济发展的影响也不一样。据此，熊彼特将经济周期分为长波、中波和短波三种周期。长波周期也称"康德拉季耶夫周期"，历时 50 年或略长一点；中波约 9 至 10 年，又称"尤格拉周期"；短波为 40 个月（近 3 年半），又称"基钦周期"。3 个基钦周期构成一个尤格拉周期，6 个尤格拉周期构成 1 个康德拉季耶夫周期。他认为，经济周期的变动，特别是长波周期的变动，与各个周期内的生产技术革命呈现出高度的相关性，经济的发展是来自内部自身创造性的一种变动。他以创新理论为基础，以各个时期的主要技术发明和应用以及生产技术的突出发展，作为各个长波的标志。熊彼特的理论从技术创新的角度揭示了经济增长的内在原因。

世界经济增长的长波周期具有以下特点：

---

① 张教富等．区域经济学原理．北京：中国轻工业出版社．1999 年。

　　首先，长波不局限于某一、两个国家，而是一个世界性的经济增长波动现象，是世界经济发展过程中所固有的规律，所有与世界经济体系联系密切、参与国际劳动地域分工的国家或地区，其经济增长都会不同程度地受到经济长波的影响。

　　其次，长波是综合性指标特别是生产性指标反映出来的经济增长的周期性波动现象，涉及全球范围内的各个产业部门以及基础设施投资的增长和发展，因此，不同地区的所有产业部门都会不同程度地受到经济长波的影响。

　　再次，长波是一种经济周期，反映的是周而复始的经济运动规律。每个长波的长度大约是 50 年，包含了繁荣、衰退、萧条、复苏四个阶段，其中前两个阶段构成康氏周期中的上升期，后两个阶段构成下降期。虽然每个长波都有上升期和下降期，但世界经济的总体趋势是螺旋式上升的，后一个周期不是前一个周期的简单重复，而是在更高水平上的演进，世界经济由此不断向前发展。

　　最后，经济长波的推动力量源于重大的技术创新，特别是技术创新集群，它们共同构成一次技术革命的浪潮，从而导致全球性新兴主导产业的诞生，引出一个新的经济增长长波的上升期，世界经济在原有基础上处于全面的繁荣上升之中。

　　重大技术创新、新兴主导产业与经济长波之间的关系密不可分（见表 3-1）。

表 3-1　重大技术创新、新兴主导产业与长波的对应关系[①]

长　波	第一次长波 （1782—1845）	第二次长波 （1845—1892）	第三次长波 （1892—1948）	第四次长波 （1948 至今）
重大技术创新	蒸汽机的发明和应用	铁路运输技术与炼钢技术的发明和应用	电工、化工技术和内燃机的发明与应用	以电子技术为代表的技术革命
新兴主导产业	纺织、采煤、炼铁	钢铁、机器制造、造船	电力及电气机械、化工、汽车、石油	电子、宇航

3.2.3　技术创新导致世界经济增长重心转移

1. 技术创新引发经济长波，导致世界经济增长重心转移

　　由上一节的分析，我们可以得出结论：技术创新是经济增长的内在动力；技术创新集群构成的科技革命，会促使新兴主导产业的形成，引发新的世界经

[①]　资料来源：蔡来兴等．国际经济中心城市的崛起．上海：上海人民出版社．1995 年。

济增长长波,各国各地区均会不同程度地受到经济长波的影响,全球经济增长重心也随之发生空间位移。

假设世界经济由重心区和外围区两部分组成,在长波的上升期和下降期,同时存在着两种方向相反的要素与经济活动的空间运动,一种是由外围区向重心区的集中运动,我们称之为极化效应;另一种是由重心区向外围区的扩散运动,我们称之为扩散效应。

在长波的上升期,技术创新集群的出现,导致新兴主导产业的形成,投资和就业大幅度增加,经济高速增长。此时,重心区的极化效应远远大于扩散效应,资本、技术、劳动力等生产要素及各种经济活动纷纷向重心区集中、集聚,通过规模效益和聚集效应,进一步加大经济收益,提高增长速度。在长波的下降期,原有重心区经济出现衰退,生产过剩危机显现,上升期出现的新技术渐趋成熟,对经济增长的拉动作用减弱,市场竞争加剧,劳动力成本增加,投资利润下降。此时,资本、技术、劳动力等生产要素和各种经济活动便纷纷向其他国家和地区转移,于是,重心区的扩散效应大于极化效应,加剧了原有重心区的经济衰退。在扩散效应的作用下,原重心区的产业和资本向外寻找发展机遇,向潜在市场容量大、比较优势突出的地区转移。接受资本和产业转移的地区或国家,虽然处在世界经济增长长波的下降期,但由于有大规模的产业和资本流入,经济呈现高速增长,实力不断得到增强,于是便成长成为新的世界经济增长重心区域,完成世界经济增长重心转移的使命。

在 18 世纪工业革命以来的 200 多年中,世界经济经历了四次长波(见表 3-2):

表 3-2 世界经济长波与世界经济增长重心转移之对应关系[①]

长波	I	II	III	IV
时间	1782—1845	1845—1892	1892—1948	1948—1998
世界经济增长重心区	英国	英国;下降期向德国、美国转移	美国、德国(1913年以前)	美国、日本

第一次长波:1782—1845 年,其中 1825 年是高峰转折点,英国是这次长波的中心。由技术创新集群引发的工业革命,导致英国经济高速增长,形成这次长波的上升期。

---

① 柳卸林.技术创新经济学.北京:中国经济出版社.1993 年。

第二次长波：1845—1892，其中 1872 年是高峰转折点，这次长波的中心仍滞留在英国，同时也波及法国、德国、美国等。

第三次长波：1892—1948，其中 1929 年是高峰转折点，这次长波的中心移到了美国，同时波及整个资本主义世界。

第四次长波：1848—1998，其中 1973 年为高峰转折点，美国和日本是这次长波的中心。

目前，世界经济正处于第四次长波的下降期和第五次长波的上升期的交替阶段。预计在第五次长波中，亚太地区将崛起为一个新的世界经济增长重心区。

2. 世界经济增长重心转移的关键环节是技术转移

世界经济增长重心转移是通过一系列转移活动来完成的。它首先表现为产业转移，然后表现为贸易转移，最后表现为综合经济实力的转移。综合经济实力的转移标志着世界经济增长重心转移全过程的终结。在产业转移过程中，包含着资金的转移和技术的转移。换言之，产业转移是以资金和技术转移为载体的，产业附着在资金和技术之上，才能完成国际的转移。而在世界经济增长重心转移这一系列空间位移活动中，技术转移才是关键的一个环节。

技术转移有两层含义：一是接受发达国家的技术转移，引进、吸收既有科技成果，推动本国经济发展；二是在掌握引进技术的基础上，进行技术创新，以增强本国经济实力，促进本国成长为新的世界经济增长重心。

积极引进、吸收世界上既有的先进技术，是推动本国经济发展与繁荣的最佳选择。例如，法国、德国、美国等都是通过引进英国当时的先进技术和机器，揭开了本国工业化和现代化的序幕的。第二次世界大战后，日本由低谷中崛起，创造了经济发展的奇迹，也得益于先进技术和设备的大规模引进。1950—1975 年，日本从美国、西欧等几十个国家引进了 25000 多项先进技术和设备。再如，亚洲"四小龙"也是通过引进国外先进技术，实现经济腾飞的。据统计，自 20 世纪 50 年代中期至 1983 年，韩国共引进外国技术 3000 多项，我国台湾引进外国技术 1800 多项，新加坡共引进技术 135 项。即使是技术先进的国家，在大力进行技术创新的同时，也非常重视技术的引进。美国用于技术引进的资金规模巨大，1956 年为 2300 万美元，1970 年增加到 1.14 亿美元。

在引进、吸收先进技术的基础上，广泛开展技术创新，是实现本国经济跨越式发展的必由之路。例如,19 世纪中叶,德国开始了自己的工业化进程,虽然起步比英国晚了将近 1 个世纪,但德国在引进英国先进技术的基础上,开展大规模、高效率的技术创新活动,利用煤化学的科学研究成果,迅速发展起一个新兴主导产业——合成化学工业,1871 年,德国的煤化工技术跃居世界领先。此外,德在冶金、机械、机电等领域都有许多重大技术发明,使其在1890 年成为世界科技中心(见表 3-3)。在技术创新的拉动下,德国经济迅速发展起来,并超过了英国,成为一个新的世界经济增长重心区。

表 3-3　科技发展周期与世界科技中心的对应关系[①]

科技周期	Ⅰ	Ⅱ	Ⅲ	Ⅳ	Ⅴ	Ⅵ
高峰年份	1580	1660	1740	1820	1890	1970
世界科技中心	意大利	英国	英国	法国	德国	美国

再如,日本在 20 世纪末和 21 世纪的经济复苏主要得益于其技术创新。日本经济自 20 世纪 90 年代泡沫经济破灭后曾一蹶不振。对此,日本政府寄希望于尖端科技,如纳米技术和生物技术,以此推动新兴产业的发展,带动日本经济摆脱困境。一时间,日本的纳米技术研究成为热潮。接受调查的 1479 家日本企业中,已有 271 家企业正在研究开发纳米技术,而且投资数额巨大,其中99 家大型企业的研发经费,2002 年为 327 亿日元,2003 年达到 407 亿日元。专家预测,2010 年纳米产品在日本国内市场的产值将达 10 万亿日元。

同时,日本政府还着手制定生物技术立国战略,日本的生物技术产业化步伐在加快。在以生物技术为基础的医药领域,从事各种检测设备和分析仪器开发、新药试验的新兴企业如雨后春笋,到 2002 年春季已经达 300 家。据预测,2010 年日本拥有的与生物技术有关的新兴企业将增至 1000 家,与生物技术相关的市场份额将扩大到 25 万亿日元。

日本的智能机器人发展也很迅速,数量达 39 万多台,居世界第一。2001年,日本机器人创产值 4060 亿日元,到 2010 年,市场规模将达 3 万亿日元左右[②]。总之,通过自主技术创新,日本经济实现了新的飞跃。

3. 科技中心是国际城市形成的前提条件

科技中心是指科学研究与技术创新活动集中、成果丰富的国家和地区。如

---

① 柳卸林.技术创新经济学.北京:中国经济出版社.1993 年。
② 资料来源:董光璧.21 世纪的科学与中国.中国科学院网站。

果一个国家或地区的科技成果数占世界科技成果总量的 25%,那么,我们就称其为世界科技中心。

与经济发展具有周期性波动一样,世界科学技术的发展也有其周期性,如 10 年的短周期、80 年的中周期和 600 年的长周期。汤浅光昭描述了自 16 世纪以来世界科学技术所经历的六个中周期。每个中周期的高峰年份及对应的世界科技中心见表 3-3。

技术创新活动不仅具有周期性,世界科技中心还会发生空间转移。当一个国家或地区处于科学繁荣、技术创新的高峰时期,其科技研发活动投入大、成果多、增长迅速,从而引发经济高速发展。当高峰期过后,既有的先进技术趋于成熟,由于技术垄断和技术老化,技术创新生长的外部环境弱化,技术创新速度放慢,技术成果减少,既有技术会向其他国家转移。其结果便是旧的科技中心衰退,新的科技中心诞生,与世界经济增长重心转移一样,世界科技中心也完成了它的国际转移。

拥有新兴科技中心的国家或地区,技术创新成果多,在生产中的应用快,科技推动新的主导产业部门兴起,拉动经济持续高速增长,带动世界经济进入一个新的上升期,该国家或地区也因此而成为本次世界经济长波的中心。伴随着生产的高速发展,贸易规模迅速扩大,金融中心在此形成,于是,一个或数个国际城市在这个新的世界经济增长重心区诞生。

只有拥有科技中心,才能成长为世界经济增长重心;只有在世界经济增长重心区,才能培育出一流的国际城市。因此,科技中心是国际城市形成的前提条件。

3.3 国际城市形成的外部环境:城市群、城市带

在技术创新和科技革命的推动及潜在市场和比较优势的拉动下,世界经济增长重心发生转移,接受转移的区域经济飞速发展,城市化进程加速,于是便成长为新的世界经济增长重心区。与此同时,新的增长重心区域城市数量不断增多,城市规模日益扩大,城市间的相互联系愈加密切,形成了高度城市化的城市群、城市带这样的城市体系。只有在城市群、城市带这种大规模、高等级、高密度、高水平的城市体系沃土上,才能孕育出新兴的国际城市。

3.3.1 城市群、城市带的概念与特征

城市群、城市带是城市化发展到高级阶段的一种新型城市地域形态。

城市群的概念有许多不同版本。1910 年，美国学者提出"大都市地区"的概念（Metropolitan District or Metropolitan Area），它是由一个大城市及与该城市有高度社会经济一体化倾向的毗邻社区组合的。1915 年，英国城市规划学家格底斯（P. Geddes）提出了"集合城市"（Conurbation）的概念，它是指由大城市及其周围具有附属关系的小城镇组成的聚合体。第二次世界大战后，日本学者又提出了"大城市圈"的概念，它是指由一个人口大于 50 万的中心城市及其周围与中心城市联系密切的区域组成的城市地域。本文认为，城市群是由一个大的中心城市及其周围与中心城保持高度的社会、经济、生活联系的中小城市及小城镇共同组成的城市体系。

1957 年，哥特曼在其发表的《大城市带：东北沿海地区的城市化》一文中指出，统计资料和实践研究均表明，在美国东北沿海地区，北起新罕布什尔州的黑尔斯伯格（Hillsborough），南至弗吉尼亚州的费尔法克斯（Fairfax），沿交通干线已形成一条长达 600 英里的轴线，由它串起大大小小数百座城市，居住有 3000 多万城市居民。哥氏将这种巨大城市空间形态用希腊古城 Megalopolis 的名字来命名，认为它是在空间上相互毗邻、社会经济一体化的多个大都市地区组成的城市密集区域。哥氏预言，城市带是城市化发展到高级阶段的产物，是 21 世纪人类社会高度文明的主要标志之一。

城市群和城市带同为城市体系，它们具有以下共同特征：

首先，它们在概念上十分接近，都是指在一定的地域范围内，由一定数量的规模等级不同、职能特点各异而又相互联系、相互作用、相互依存的城市构成的区域城市体系，是组合城市，从而与单个城市的概念相区别。

其次，它们都是地域规模和人口规模巨大、人口密度和经济密度很高、社会经济高度发达的城市地域。

再次，它们的组成城市在社会、政治、经济、文化、生活诸方面都存在着频繁、密切、多样化的联系，使整个城市地域系统呈现出高度的一体化倾向。

最后，它们都是由超大城市和巨型城市为核心，由众多中小城市构成的区域城市体系。

但城市群与城市带也有区别：

第一，城市群是指由单个大城市及以该大城市为核心的周围中小城市及卫星城镇组成的区域城市体系；城市带则是指多个大城市地区连接形成的规模巨大、社会经济活动高度一体化的城市群落，它含有 2 个以上的城市群。例如，波士华城市带含有波士顿、费城、纽约、华盛顿等城市群。

第二，城市群内的城市个数及人口规模要小于城市带。波士华城市带包括 200 多个城市，容纳 3000 多万城市人口，而其中的费城大城市地区的人口仅为 150 万人。

第三，城市群的经济实力要小于城市带的经济实力。

20 世纪 50 年代，波士华城市带拥有美国制造业产值的 70%，在美国甚至世界经济中占据举足轻重的地位。因此，有学者认为，城市群、城市带将成为 21 世纪国际竞争的基本单位[①]。

当然，今天我们研究的城市群、城市带已经发生了巨大变化，也远远超出了哥特曼当年所阐述的概念范畴。世界经济全球化、一体化进程不断推进，科技革命和信息革命日新月异，工业经济正逐渐向知识经济过渡，作为全球或大区域经济控制、管理和协调控中心的国际城市便应运而生。在这个新的国际大背景下，城市群、城市带的规模更加庞大，其中包含的城市及城市人口的密度更高，承载的经济体系也由工业为主向工业与服务业并重演变。今天的城市群、城市带，是由多个大城市圈聚合而成的一个高密度的、紧密联系的城市空间，其中存在着数量众多的巨型城市、超大城市、大城市和中小城市，不同等级的城市功能在一个较为密集的城市空间范围内有机地互动，城市之间的距离由于大规模高速度的运输网而缩短，人口流、信息流、资金流、技术流等要素流将城市群、城市带内部的多个城市紧密地连接在一起，不同城市之间稳定的分工与合作关系将众多单个城市组合成一个有机整体。

3.3.2　城市群、城市带的发展阶段与形成机制

1. 城市群、城市带的发展阶段

区域生产力水平的不断提高和空间分布的高度集聚，是城市形成并逐步演变成大城市、城市群、城市带的内在驱动力量。弗里德曼（Friedmann）结合

---

① 周牧之. 托起中国的大城市群. 北京：世界知识出版社. 2004。

罗斯托（Rostow）的发展阶段理论，创建了与区域或国家发展阶段相联系的城市空间形态演化模型。他认为，城市群、城市带的形成和发展可以分为四个阶段：

第一阶段：沿海地区出现少量分散的小聚落和小港口，一部分人口由沿海迁移到内陆。由于生产力水平很低，沿海聚落保持着自给自足的农业生产和生活方式；内陆聚落也处于孤立状态，很少与外地发生社会和经济联系，所有聚落均呈分散点状分布。

第二阶段：工业化初期，由于资金短缺，国家或区域只能选择1～2个区位优势突出的聚落点进行开发。这里的自然资源丰富，交通便利，人口稠密，市场较大，工业生产在此布局，能取得较好的经济效益。在工业生产引发的集聚经济效应作用下，该聚落点逐渐成长、演变为城市。在这一阶段，生产要素主要是向心流动，即极化效应占主导地位。

第三阶段：工业发展进入成熟期，除中心城市发展外，边缘区部分条件优越的地方成为开发的最佳选址。随着开发的不断深入，边缘区出现了次级中心城市，并培育出一个区域性大市场，这是地区城市群、城市带发育的经济基础。此时，第二阶段形成的"中心—边缘"的简单地域结构逐渐演变为多核心的地域结构。在这个阶段，生产要素既有向心流动即集中，也有离心运动即扩散，多个城市中心的地域结构是在集中和扩散效应的共同作用下形成的。

第四个阶段：在多个中心城市发展的同时，城市与城市之间的边缘地区也发展很快，区域性基础设施，如高速公路网，城际铁路网，供水、供电、供气等公用设施网，在区域内统一规划建设，工业向城市外围迁移，工业卫星城蓬勃兴起，城市之间的社会、经济、文化联系日益频繁、广泛、深入，城市与城市之间既有相互吸引力，也存在竞争和排斥。由于众多小型城市聚落的出现，城市与城市之间的农村区域逐渐缩小甚至消失，城市与城市便连接成为一个整体，出现了大型的城市地域空间形态——城市群、城市带。在这一阶段，城市群、城市带作为一个整体，具有巨大的吸引力，它产生了规模空前的向心运动即极化效应，而就城市群、城市带中的中心城市而言，离心力和扩散效应则占据重要地位。正是在集聚效应与扩散效应的共同作用下，城市群、城市带才得以形成（如图3-4所示）①。

---

① 姚士谋等．中国的城市群．合肥：中国科学技术大学出版社．1992年。

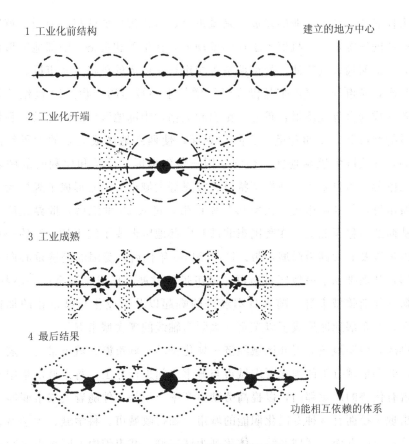

1 工业化前结构

建立的地方中心

2 工业化开端

3 工业成熟

4 最后结果

功能相互依赖的体系

图 3-4　区域城市群的空间演化模式

2. 城市群、城市带的形成机制

城市群、城市带是在产业转换力、劳动地域分工和区域经济一体化以及区域交通、通信、基础设施网络化的共同作用下形成的。

首先，产业转移力是城市群、城市带形成的内在动力。哥特曼认为，"交易力"是城市带形成和发展的驱动力量，它存在于有形产品和无形产品的生产、加工、管理、运营的全过程中，这一过程哥特曼称其为交易。我国学者葛岳静在此基础上提出"产业转换力"的概念[①]，认为产业转换力存在于社会经济发展的各个阶段，如农业社会向工业社会的转换，工业内部主导部门的转换，以及第二产业为主向第三产业为主的转换等，都会导致城乡之间、城市之间空间结构的变化，都有可能推动城市群、城市带的产生和发展。特别是以制

---

① 葛岳静. 城市带形成与发展中的产业转换力. 城市问题. 1990 年第 3 期。

造业为代表的机器大工业的发展，是城市群、城市带形成的根本原因。英国是工业革命的发源地，在机器大工业的推动下，在伦敦和英格兰中部地区形成了由伦敦、伯明翰、利物浦、曼彻斯特等城市聚集而成的英格兰城市群。

其次，城市群、城市带是世界经济增长重心转移的产物。18世纪工业革命使英国成为世界经济增长重心，伦敦和英格兰中部地区形成以伦敦至利物浦为轴线的城市群。19世纪欧洲大陆的兴起，使西欧地区成为新的世界经济增长重心，在法国大巴黎地区、德国莱因—鲁尔地区、荷兰和比利时的中部地区，以巴黎、布鲁塞尔、阿姆斯特丹、波恩等大城市为中心形成了规模大小不等的城市群，并共同组成"人字形"城市带。进入20世纪后，世界经济增长中心从西欧转移至北美，在美国东北部和中部地区形成了波士顿—纽约—华盛顿城市带以及五大湖沿岸城市带。20世纪50年代后，美国的经济重心向中西部转移，从而推动了该地区城市群、城市带的发展，形成了旧金山—洛杉矶、达拉斯—休斯敦城市群。随着日本经济的崛起以及工业化与城市化的加速发展，在日本东部地区形成了以东京—大阪为轴线的庞大城市群①。

再次，劳动地域分工和区域经济一体化推动了城市群、城市带的发展。一方面，劳动地域分工的细化要求城市与城市之间进行分工，每个城市集中力量发展占有优势的产业部门，以提高劳动生产率。于是，伴随着大城市职能的分化，出现一批拥有各种专门化职能的城市，如行政城市、科学城、大学城、工业城等；另一方面，区域经济一体化则为城市群、城市带内不同城市之间的协作奠定了基础，城市与城市之间形成稳定的分工与协作关系，城市群、城市带的整体功能优势得以发挥，这种整体优势要远远大于单个城市功能的简单叠加。大东京城市群中拥有专门化的科学城筑波、卧城多摩新城、港口和工业卫星城千叶，等等。

最后，区域交通、通信和基础设施网络化是城市群、城市带形成的基础和推动力量。城市群、城市带不是单个城市的叠加，而是不同城市之间通过密切、频繁的社会经济联系形成的有机整体。这种城市之间的联系是通过人流、物流、资金流、信息流等表现出来的。因此，区域内必须统一规划建设现代化的交通（高速公路、城际铁路等）、通信及其他城市基础设施，形成完整的网络系统，为中心城市的郊区化奠定基础，而郊区化过程中人口与城市功能的扩散又促成卫星城和新城的兴起，使城市群、城市带中的城市个数增多，规模增

---

① 吴传清.概览世界城市群.西南大学网。

大，实力增强。

同时，城市群、城市带又是在集聚效应和扩散效应的双重作用下产生、发展、演变的。在市场经济条件下，大城市在自身"城市病"的内在压力下，人口及部分城市功能向郊区转移，甚至向更远的地区扩散，促进了周边地区卫星城和新城的产生，于是便形成了沿交通走廊分布的以大城市为核心的城市群、城市带。城市群、城市带是一种多核心的城市地域结构形态，它除了拥有一系列人口密度很高的大城市从而形成集群的核心外，还拥有位于大城市之间的人口稀少的开敞空间，其土地利用形式介于传统农业和城市之间，以大规模集约化、现代化大农场、大绿地为主，是城市居民的休憩娱乐场所和农副产品的供给地，因此，有人称之为"呼吸空间（breathing space）"[①]。

关于集聚效应和扩散效应如何导致城市发展壮大，并逐步演变成城市群、城市带，本文将在国际城市的形成机制一章进行详细讨论，在此不再赘述。

3.3.3　城市群、城市带形成的战略意义

哥特曼在研究美国东北沿海地区城市化现象时，发现并界定了城市带的概念，他把美国东北部沿海由 5 个大城市群连接而成的、承载 3000 多万人口的狭长带状城市区域称为城市带，认为城市带是城市化发展的最高境界，是人类文明的实验室。由此可见，城市群、城市带对城市化和人类社会进步，特别是对国际城市的形成，具有重要的战略意义。

城市群、城市带的战略意义主要表现在以下三个方面：

1. 城市群、城市带的发展增强了国家竞争力

过去我们曾经认为，国与国之间的竞争是不同国别的企业与企业之间的竞争。如今，企业在空间上特别是国际的流动性越来越大，企业的地域属性和国别属性越来越模糊。一家跨国企业取得的优良业绩很难作为判别某国竞争力高低的标准，因为这家企业是在跨国际、跨地域、甚至跨行业运营的。而在一个国家内部，资源与效率高度集中在某些城市。因此，国家竞争力应该体现在城市竞争力上。由于城市数目众多，规模不同，职能各异，实力悬殊，并不是每个城市都能体现国家竞争力的，只有由众多城市组成的城市群、城市带，才是国家竞争力

---

① 顾朝林等. 中国城市地理. 北京：商务印书馆. 1999 年。

之所在。21 世纪国与国之间的竞争，实际上就是城市群、城市带之间的竞争[①]。例如，美国的波士华城市带、五大湖城市带、南加州城市带及日本的太平洋沿岸城市带，都是世界上颇具竞争力的城市带。

2. 城市群、城市带的发展推动了区域或国家的城市化进程

城市化发展模式的选择，即一个国家通过发展哪类城市实现城市化，是大城市，还是小城市，一直是学界争论的一个热点问题。虽然城市的产生揭开了城市化进程的序幕，但工业革命的出现及工业化进程的推进才真正使城市化进入一个高速发展的时期，而信息革命的出现则又使城市化步入一个崭新的发展阶段。200 多年的工业化、高速城市化进程走过了一条城市化、大城市化、城市群、城市带化的发展道路，城市聚集的规模越来越大，城市化推进的速度越来越快[②]，承载城市化过程中新增城市人口的主体也由小城市逐渐过渡为大城市、超大城市、城市群和城市带（如图 3-5 所示）。

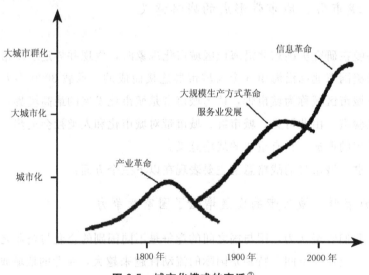

图 3-5　城市化模式的变迁[③]

3. 城市群、城市带孕育出国际城市

在农村经济的腹地上，只能培育出小城市，它们作为基层区域经济发展的

① 周牧之 . 托起中国的大城市群 . 北京：世界知识出版社 . 2004 年。
② 周牧之 . 托起中国的大城市群 . 北京：世界知识出版社 . 2004 年。
③ 顾朝林等 . 中国城市地理 . 北京：商务印书馆 . 1999 年。

组织、管理、协调、驱动中心，与周围的农村腹地有着千丝万缕的联系。一方面，农村腹地为其中心城市提供商品粮和工业原料、农村剩余劳动力、农业剩余资本、城市建设用地、工业品消费市场等；另一方面，中心城市为其农村腹地提供工业产品、教育文化服务、行政管理服务、农产品消费市场、餐饮娱乐服务等。由于农村经济的集约化程度不高，劳动生产率水平较低，经济规模、经济实力、人口数量有限，在农村经济的腹地上，只能形成小城市。

相反，城市群、城市带是一个高度集聚的城市地域空间，它是巨大的人口、经济和基础设施网在空间上高度集中和相互叠加的反映，其中心城市与所在城市群、城市带腹地之间存在着庞大、频繁、紧密的经济联系和互动。根据城市群、城市带中集聚的人口和经济能量的不同，我们把城市群、城市带分成不同的能量类型。高能级的城市群、城市带基本上分布在既有世界经济增长重心区域，因为世界经济增长重心区域具有培育这类城市群的土壤。

城市群、城市带与国际城市之间是一个相互促进的关系。一方面，城市群、城市带作为巨大的人口聚落、庞大的制造业基地、商品贸易中心和金融中心、重要的三维交通枢纽、科技文化信息中心等，蕴藏着巨大的人口能量和经济能量，其聚集效应和扩散效应十分强大，是一个国家的经济中枢，它不仅能带动本国经济的发展，还是连接国内市场与国际市场的桥梁，代表该国参与国际分工，体现该国的国际竞争力。因此，城市群、城市带的特性和发展必然要求其中一个中心城市发展成为国际城市，承担起国际城市的服务功能。另一方面，国际城市的形成和发展又会为该城市群、城市带吸引来更多的资本、技术、人才等生产要素，由其承接国际产业转移，拉动世界经济增长重心转移，实现社会经济的持续、稳定、高速发展。

总之，城市群、城市带是人口和经济高度聚集的城市空间形态，是既有的世界经济增长重心区或即将崛起的世界经济增长重心区，是一个国家的竞争力之所在，是国际城市形成的最佳外部环境和肥沃的土壤。

3.3.4　世界著名城市群、城市带及其对应的国际城市

1. 欧洲中部城市带

欧洲中部城市带由四个城市群组成：一是英格兰中部城市群，即以伦敦—伯明翰—利物浦—曼彻斯特为轴线形成的城市群，它集中了英国 4 个主要大城

市和 10 多个中小城市，是英国产业密集带和经济核心区；二是法国的巴黎—鲁昂—勒阿弗尔城市群，它是法国为了限制巴黎大都市区的扩展，改变原来向心聚集发展的城市结构，沿塞纳河下游在更大范围内规划布局工业和人口而形成的带状城市群；三是德国的莱因—鲁尔城市群，它是因工矿业发展而形成的多中心城市集聚区，在长 116 千米、宽 67 千米范围内聚集了波恩、科隆、杜塞尔多夫、埃森等 20 多个城市，其中 50 万～100 万人的大城市有 5 个；四是荷兰的兰斯塔德城市群，这是一个多中心马蹄形环状城市群，它包括阿姆斯特丹、鹿特丹和海牙 3 个大城市和乌德支列、哈勒姆、莱登 3 个中等城市以及众多小城市，各城市之间的距离仅有 10～20 千米，彼此在职能上相互联系，形成空间结构有序的统一体。

欧洲中部城市带中诞生了伦敦、巴黎、鹿特丹等国际城市。

2. 美国的城市带

美国拥有波士华城市带、五大湖城市带和加州城市带三大城市带。

波士华城市带位于美国东北部大西洋沿岸平原，北起波士顿，南至华盛顿，以波士顿、纽约、费城、巴尔的摩、华盛顿等一系列大城市为中心，其间分布有萨默尔维尔、伍斯特、普罗维登斯、新贝德福德、哈特福特、纽黑文、帕特森、特伦顿、威明尔顿等城市，将上述特大中心城市连成一体，在沿海岸近 700 千米长、100 多千米宽的地带上形成一个由 5 个大都市和 40 多个中小城市组成的超大型城市带。波士华城市带的面积约 13.8 万平方千米，人口约 4500 万人，城市化水平达 90%。虽然面积占国土面积的比重不到 1.5%，但却集中了美国人口的 20%左右，它是美国经济核心地带，制造业产值占全国的 30%。每个城市都有自己的特殊功能，都有占优势的产业部门，城市之间形成紧密的分工协作关系。

五大湖城市带位于美国中部五大湖沿岸地区，东起大西洋沿岸的纽约，沿五大湖南岸向西延伸至芝加哥，其间分布有匹兹堡、克利夫兰、托利多、底特律等大中城市以及众多小城市，城市总数达 35 个之多。五大湖城市带与波士华城市带共同构成了美国东北部的产业、人口和城市密集带，它们集中了 20 多个人口达 100 万以上的大都市区和美国 70%以上的制造业。

波士华城市带和五大湖城市带孕育了纽约、芝加哥等国际城市。

加州城市带位于美国西南部太平洋沿岸，南起加利福尼亚州的圣地亚哥，向北经洛杉矶、圣塔巴巴拉，到旧金山海湾地区和萨克拉门托，主要由旧金山—萨克拉门托城市群、洛杉矶城市群和圣地亚哥哥城市群组成，这里诞生了洛杉矶和旧金山两个世界著名的国际城市。

3. 日本太平洋沿岸城市带

日本的城市群又称为"东海道太平洋沿岸城市群",由东京、名古屋、大阪三大都市圈组成,拥有大、中、小城市 310 多个,包括东京、横滨、川崎、名古屋、大阪、神户、京都等大城市在内,全日本 11 座人口在 100 万以上的大城市中有 10 座分布在该城市群区域内。这三大城市群国土面积约 10 万平方千米,占全国总面积的 31.7%;人口近 7000 万人,占全国总人口的 63.3%。它集中了日本工业企业和工业就业人数的 2/3、工业产值的 3/4 和国民收入的 2/3。日本太平洋沿岸城市带培育出了东京、大阪等国际城市。

4. 中国的长江三角洲城市群

早在 1976 年,法国地理学家戈特曼就曾指出,全球有五个世界级的城市带,即以波士顿和华盛顿为核心的美国东北部大西洋沿岸城市带;以芝加哥、底特律为核心的美国五大湖城市带;以东京、大阪为核心的日本东海岸城市带,以伦敦、利物浦为核心的英国城市带;以巴黎、鹿特丹、科隆为核心的欧洲西北部城市带,以上海为中心的城市群有望成为世界第六大城市带。

戈特曼提到的以上海为中心的城市群,就是今天学界公认的长江三角洲城市群。它是指以上海为中心,以沪、宁、杭为主体,包括扬州、泰州、南通、镇江、常州、无锡、苏州、嘉兴、湖州、绍兴、宁波、舟山在内的区域城市体系。长江三角洲城市群面积广阔,近 10 万平方千米,约占全国面积的 1%;人口规模巨大,达 7800 多万人,约占全国总人口的 5.8%;城市个数众多,分布密集,拥有 15 个地级以上城市,其中超大城市 2 个,特大城市 1 个,大城市 4 个,中等城市 14 个,小城市 33 个[①];经济实力雄厚,2000 年 GDP 为 19170.22 亿元(此处为大长三角数字,即上海市、浙江省和江苏省 GDP 之合),占全国的 21.44%。

长江三角洲城市群世界六大城市群中最具成长潜力的一个,其中心城市上海将崛起为新的世界级国际城市。

---

① 王何等.我国三大都市圈域中心城市功能效应比较.城市规划汇刊.2003 年第 2 期。

第4章 国际城市的形成机制

国际城市不是无序发展的，它受到内在形成机制与发展规律的制约；同时，国际城市也不是纯粹自发产生的，它受到市场调节和政府调控的影响。本章从分析企业规模经济和聚集经济入手，归纳城市规模经济和聚集经济规律，研究城市与区域、城市与城市之间的相互作用关系即城市磁场效应，进而阐明国际城市形成的内在机制；探讨市场导向和政府导向对国际城市形成的双重影响。

4.1 国际城市形成的内在机制

城市经济的本质特征就是规模经济和聚集经济。国际城市是在规模经济和聚集经济的共同作用下形成、发展、演变的。因此，规模经济和聚集经济是国际城市形成的内在机制。

4.1.1 企业规模经济与聚集经济

企业不仅是城市的四个行为主体（企业、居民、社团、政府）之一，而且是城市经济的基本组织单元。因此，研究城市规模经济和聚集经济，不能不探讨企业规模经济和聚集经济。

1. 企业规模经济

企业规模经济的概念有狭义和广义之分。狭义的企业规模经济是指处于某一特定区位的经济主体，如生产型企业或经营型企业，随着生产和经营规模的扩大，单位产品成本不断下降，收益呈现递增的趋势。广义的企业规模经济包括单个企业在某一特定区位通过生产和经营规模的扩大而形成的内部规模经济以及由众多企业在局部空间呈一定规模的聚集而带来的外部规模经济。

（1）内部规模经济

内部规模经济是指传统意义上单个企业的规模经济，即随着企业生产规模的扩大而出现的成本递减、收益递增的趋势。内部规模经济的成因主要有以下几个：

首先，生产要素投入具有不可分割性（存在于技术装备的使用、销售、财政、研发等方面）。如果投入具有最小的效率规模，那么这个投入对于生产过程而言是不可分割的；如果将不可分割的投入分为几部分，那么这几部分的总产出要小于整体投入的产出。

其次，规模扩大引发生产、销售、管理等方面效率的提高。随着企业规模的扩大及先进技术和生产组织的应用，企业的生产能力也将提高，单位产品所分担的广告宣传、产品运输和仓储等销售成本将降低，管理的专业化和管理功能的规范化也随之增强，从而使管理技能和管理水平也随之提高。

最后，规模大的企业优势突出。规模大的企业在筹集资金、吸引人才、购买原材料、零部件或半成品等方面都具有优势，特别是规模大的企业可以在企业内部用行政行为替代市场行为，节约交易费用，获取更多的经济收益。

以上三个因素都可以造成企业产品平均成本的下降，从而带来收益递增。生产技术上的规模经济主要表现为单位生产成本的降低，企业组织上的规模经济则主要体现在交易成本以及管理成本的节省上。

（2）外部规模经济

外部规模经济是指企业外部、行业内部的规模经济，主要是指同一行业的企业向特定地区集聚，加速技术交流、信息传递、人员流动而带来的"搭便车"现象，以及生产工艺的仿效竞争和管理水平的相互促进而带来的平均成本的节约和经济效益的提高。外部规模经济所创造的效益主要源于以下四个方面：

首先，企业的空间聚集能促进专业化设备供应商队伍的形成。在很多行业中，新产品的开发和生产需要使用专门的设备和配套服务，单个企业不可能提供足够大的服务需求来维持众多供应商的生存，但同一行业的不同企业在地区上的集中布局，却能很好地解决这一问题。一方面，众多企业集中在一起会形成一个庞大的服务需求市场，使各种各样的专业化设备供应商得以生存；另一方面，行业中专业化供应商网络的存在，反过来又使企业容易以更低廉的价格获取关键的设备和服务，企业把有关业务交给供应商做，从而集中精力搞好自己终端产品的生产。因此，布局在行业集中地区的企业比其他地区的企业拥有更大的竞争优势。

其次，企业的空间聚集分布有利于劳动力市场的共享。企业的集中布局会吸引拥有高度专业化技术的工人迁入，形成一个庞大的专门化劳动力市场，这对于企业的运营及工人的就业都是有益的，企业较少面临劳动力短缺的问题，工人也较少面临失业的风险。

第三，企业的空间聚集有助于知识外溢和信息传播。新发明、新产品、新设计和新思想在企业聚集地区通过专业技术人员间的信息交流和新知识的相互启发而得到迅速传播。同时，企业聚集还能激发现有产业的扩散效应。新产业不断产生，旧产业不断向外转移；企业之间竞争加剧，激发出极大的创造力，技术研发和创新成果层出不穷。因此，企业在空间上的聚集有利于相互间的技术交流和技术创新，有利于新技术的普及和广泛应用。

第四，企业在空间上的聚集可以共享各种基础设施、公共服务及由辅助性行业提供的专业服务，从而产生外部经济效应。基础设施如公路、桥梁、码头、机场、车站和供电、供水、通信等在空间分布上具有集中性和不可分割的特点，它们是企业的必要生产条件，企业聚集布局，可以共享基础设施，从而节约基础设施费用。同时，人口和企业的高度集聚可以使其共享包括广告、信息咨询、法律、金融、公共教育等在内的公共服务。

总之，企业及其活动的空间聚集可以创造出更大的供给和需求，使各个企业通过聚集都能获得外部经济效应。

2. 企业聚集经济

企业聚集经济一般是指经济要素和经济主体在地区聚集所产生的专业化分工与协作及资源高效率配置所带来的成本降低和经济效益提高。企业聚集经济包括单一产业内部同类企业集聚的地方化经济和不同产业多类企业聚集的城市化经济，即产业聚集经济。

地方化经济是指同一种产业的聚集经济，即某个地区某一特定产业内的同类企业在空间上聚集而形成的、由整个产业规模扩大而产生的成本节约和效益提高。地方化经济源于以下几个方面：一是中间投入品的规模经济；二是范围经济与关联经济；三是贸易规模经济与聚集外在性；四是熟练劳动力市场共享的效率；五是信息外部经济。

城市化经济是指多个产业的多类企业在空间上聚集，即多个产业在城市集中布局，以共享基础设施和公共服务所产生的成本的降低和经济收益的提高。

与地方化经济相比，城市化经济具有以下特点：一是中间投入品的规模经济不仅包括来自生产竞争性产品和中间产品的企业规模经济，还包括来自生产公共产品和服务、准公共产品和服务的企业的规模经济；二是范围经济与关联经济已由企业或行业的产品和生产过程聚集（多样化或纵向一体化）发展到企业集群式的聚集，甚至形成了企业网络；三是贸易具有外在性和规模经济，商贸企业已经从单店经营发展到连锁经营；四是共享熟练劳动力市场的效率在大城市表现得更突出；五是信息的外部经济由行业内部扩展到行业之间，增强了经济的社会性，促进了城市创新与发展。

总之，不同行业的企业在一定空间范围内的聚集可以享受专业化分工的益处。专业化与分工的发展，不仅提高了企业的生产效率，节约了生产资源，而且为技术进步、资源利用率的提高创造了外部经济条件，从而为社会带来经济利益，吸引着社会经济活动的空间集聚。社会经济活动的空间集中，不仅强化了已有的社会分工与协作，而且由此形成一种紧密的经济联系，并进一步推动分工与专业化的深化和发展。

究其原因，主要有两个：第一，分工导致生产专业化，从而具有各种内外联系的同类或不同类企业在相互接触或接近时产生"溢出效应"，给彼此带来利益，我们将这种现象称为关联经济；第二，分工导致生产多样化，从而使聚集布局的同类或不同类企业在空间相互接近时，可以通过企业多样化或产业多样化给彼此带来正面效益和影响，我们称这种现象为范围经济。

对外部范围经济的追求，是企业空间聚集的重要原因[①]。产业的规模经济、范围经济和关联经济导致了地方化经济；产业之间共同需要的规模经济、范围经济和关联经济形成了城市化经济。地方化经济和城市化经济共同构成了不同层次的聚集经济，吸引企业家及其企业、劳动者及其家属、投资者及其资本不断进入城市，促使城市规模不断扩大，经济实力不断增强。

4.1.2　城市规模经济与聚集经济

正如我们将企业视为城市经济的基本组成单位一样，我们把城市视为区域经济的基本组成单位。那么，城市发展表现出极强的规模经济效应。同时，城市在空间上的聚集会形成城市群、城市带，带来巨大的聚集经济效应。这正是世界上超大城市和巨型城市不断增多以及城市群、城市带发展成为城市地域结构最高形态的重要原因之所在。

---

① 冯云廷. 城市聚集经济. 大连：东北财经大学出版社. 2001 年。

1. 城市规模经济

城市规模是指城市的大小，它包括三层含义：一是城市用地规模，即城市地域的空间范围；二是城市人口规模，即城市中所居住的居民人数；三是城市经济规模，即城市中所承载的产业规模和经济总量。在同一个地区，由于城市用地规模、经济规模与人口规模成正相关关系，我们通常采用城市人口规模来表示城市规模的大小。

根据城市规模的大小，我们将城市分为巨型城市（大于 500 万人）、超大城市（200 万～400 万人）、特大城市（100 万～200 万人）、大城市（50 万～100 万人）、中等城市（20 万～50 万人）和小城市（小于 20 万人）几种类型[①]。

与企业一样，在某个临界规模之前，随着人口规模的增大，城市建设与运营成本递减，经济效益递增，我们将这种现象定义为城市规模经济（如图 4-1 所示）。

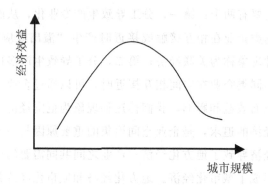

图 4-1　城市规模经济

城市具有极强的规模经济效应。世界各国的实践表明，世界上百万人口以上的大城市已十分普遍，千万人口以上的城市巨无霸也在不断增多，城市规模呈现无限制膨胀的趋势。1950 年，全世界仅有一座人口在 1000 万以上的城市（纽约），至 1975 年，上海、东京、墨西哥城和圣保罗加入 1000 万人口的大都市行列，到 1995 年，千万以上人口的城市巨无霸已达 14 个。城市规模无限制膨胀的原因就在于，随着城市规模的扩大，城市经济效益会不断提高，巨型城市、超大城市和特大城市的规模经济效益要远远大于中小城市。

我国学者王小鲁、夏小林根据全国 600 多座城市 1989—1996 年的数据，对城市的规模收益和外部成本进行了计量模型分析。结果显示，城市的经济效

---

① 李丽萍. 城市人居环境. 北京：中国轻工业出版社. 2001。

益随着城市规模的扩大而显著上升。当城市规模达到 700 万人时，城市的综合
要素生产率达到城市产出水平（按国内生产总值计）的 45％在右。就是说，
同量的生产要素投入在这些大城市所形成的产出，接近于投在非城市或最小城
市的 1 倍半。这表现在大城市较高的企业利润、工资水平、以及财政收入等方
面。在剔除由政府和个人负担的外部成本后，城市的规模收益随城市规模扩大
而明显提高，在 150 万～200 万人之间时，城市的净规模收益达到最大，大约
相当于城市 GDP 的 19％左右；此后逐步下降，直到超过 800 万人时才变为负
值，即规模收益被外部成本抵消，人口规模再继续扩大时就会形成负效益[①]。

英国城市经济学家巴顿把城市的规模经济效益归纳为十大类原因：一是本
地市场的潜在规模；二是大规模的本地市场使实际生产费用的减少；三是交通
运输业的设置和发展规模所需要的最低人口限度标准；四是某种工业集中布局
在一个特定地区，有助于促进辅助性工业项目的建设，以满足其进口需要，也
为成品推销与运输提供方便；五是企业的集中布局致使熟练劳动力汇集及适合
于当地工业发展所需的一种职业安置制度的建立；六是有才能的经营家和企业
家的聚集；七是大城市发展金融与商业机构条件更为优越；八是娱乐、社交和
教育设施在城市集中；九是工商业者可以面对面地交流沟通；十是企业的聚集
和竞争刺激企业进行更大规模的改革[②]。

简言之，城市规模经济的成因有三：

第一，从人口集中的角度来看，大城市商品种类齐全，生活便利，对区域
人口产生吸引力。于是，人口向城市集中，创造出更大的消费市场及人才市
场，从而吸引更多的企业来此布局。而企业在城市的集中又会导致新一轮人口
迁入及城市规模的扩张（如图 4-2 所示）。

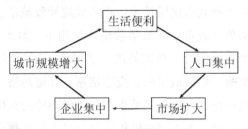

图4-2　城市规模增长的内在循环机制

第二，从企业集中的角度来看，城市由于拥有庞大的消费市场，有专业技

① 王小鲁、夏小林．中国需要何种规模的城市．中国经济网浙江中心。
② ［英］巴顿．城市经济学——理论与政策．北京：商务印书馆．1984 年。

术人才和管理人才，生产性服务和生活性服务齐全，对工业或商业企业产生吸引力。于是，工业和商业企业在城市集中布局，创造出更丰富的产品和服务，使城市生活便利性进一步提高，从而吸引更多的人口涌向城市，导致城市规模扩张。

第三，从基础设施网络的扩展来看，城市基础设施网络如道路网、供水网、供电网、供暖网、电信网等是准经营性行业，其建设与运营具有一定的垄断性和不可分割性。基础设施网络规模越大，平均建设与运营成本越低，边际效益越好，居民和企业得到的益处就越大[①]。基础设施网络的不断完善，进一步改善了城市的生产环境和生活环境，从而吸引企业和居民向城市集中。于是，城市规模再次扩张。

人口集中、企业集中和基础设施网络的扩展这三个过程是相互作用、紧密交织在一起的，其最终结果就是导致城市规模不断扩大以及城市规模经济效益的不断提高。城市规模经济包含了企业聚集经济和产业聚集经济在内。

2. 城市聚集经济

城市为什么会在一定的区域范围内聚集呢？究其原因，主要有以下三个：

第一，区位优势和资源优势导致城市聚集。区位优势和资源优势突出的地方，是城市布局的最佳选址，由此引来一个或几个城市在此布局。例如，我国的辽宁中南部地区，煤炭、铁矿石等资源丰富，区位条件优越，有抚顺、本溪、鞍山、沈阳、辽阳、阜新、大连等多个城市在此集中布局。再如，我国的珠江三角洲地区，临海和毗邻港澳的区位优势十分突出，有广州、东莞、惠州、深圳、中山、佛山、珠海、江门等多个城市有此集中布局。

第二，聚集效应导致城市规模扩张，扩散效应导致城市裂变。区位优势突出、发展条件优越的单个城市，在聚集效应的作用下，城市规模会不断增大。当城市规模达到一个临界值时，规模的进一步增大，不仅不会增加经济效益，还会带来许多负面影响，如用地紧张、交通堵塞、环境污染、治安下降等，造成城市建设、管理与运营成本上升以及生产与生活环境的恶化，我们将这种现象称之为城市规模不经济。当城市规模扩大到超过了最佳规模之后，城市膨胀的负面影响便突显出来。由于各种城市问题造成的负外部性不断增强，居民为了寻求更好的居住环境，便向郊区迁移，引发了居民和住宅的郊区化；商业企

---

① 茅于轼．城市规模经济．安徽信息网．2003年1月30日。

业为了追逐居民布局以获取最大经济收益，也纷纷向郊区迁移，形成商业的郊区化；工业企业迫于城区高昂的地租和环保成本的压力，也向郊区甚至更远的地方迁移，形成工业的郊区化。人口、工业和商业的郊区化导致生产要素由城区向郊区甚至更远的地方扩散、转移，在郊区或更远的地方的某个最佳区位集中、集聚，从而形成多个职能各异的卫星城和新城。于是，一个城市分裂、衍生出几个城市，它们在空间分布上彼此接近，在功能上有分工有合作，相互依存，发生着频繁、密切的生产和生活联系，这就所谓的城市群。几个空间分布连接在一起的城市群便构成一个城市带。

第三，由交通干线连接起来的两个城市之间的断裂点上易形成新的城市。康维斯（P. D. Coverse）于 1949 年提出著名的"裂点理论"，认为由交通干道连接起来的两个城市的中间会出现一个断裂点，在断裂点上最容易生成新的城市。断裂点的位置可由康氏提出的裂点计算公式计算得出。

$$d_a = \frac{d_{ab}}{1 + \sqrt{P_b/P_a}}$$

式中：d_{ab}——A 城与 B 城之间的距离；

d_a——裂点距 A 城的距离；

P_a——A 城的人口；

P_b——B 城市的人口；

根据裂点理论，两个城市 A、B 之间有交通干线如铁路、高速公路连接，随着 A、B 两个城市的发展及彼此之间的相互作用，在 AB 之间的断裂点上会出现一个新城市 C；而当 C 城发展到一定规模时，它又分别与 A、B 两城发生相互作用，促使 AC 及 CB 之间分别出现新的断裂点 D 和 E，并生成两个新城市。依此类推，在 AB 之间便会形成一个城市聚集带（如图 4-3 所示）。例如，我国珠江口东西两岸分别形成了广州—东莞—深圳—中国香港和广州—南海—中山—顺德—珠海—中国澳门两个城市带。

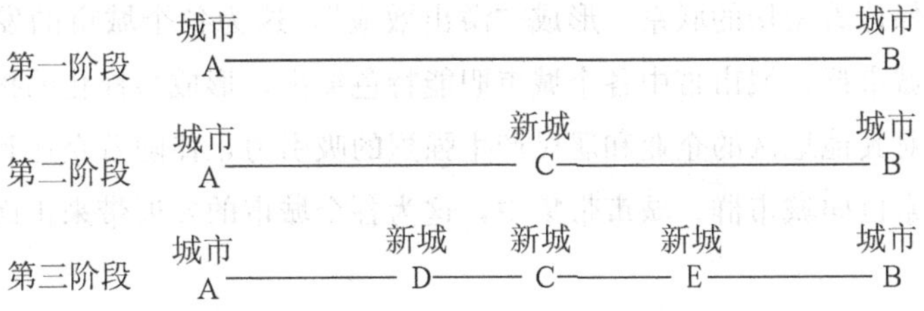

图4-3 城市聚集带形成示意图

城市在空间分布上的集中和聚集所造成的城市外部经济效益递增的现象，

我们称之为城市聚集经济。城市群中聚集的城市个数越多，城市规模结构越合理，城市之间的分工合作关系越稳定，城市的空间布局越是密而有致，城市聚集的经济效应就越大；反之亦然。

城市群、城市带的聚集经济效应源于以下几个方面：

首先，城市群、城市带具有聚集效应。城市群、城市带中单个城市的发展，不仅能增强其自身的经济功能，而且会增大城市集群的聚合力。城市经济作为一个整体，其经济效益不等于各个部门经济效益的简单加和，城市经济的各个组成部分相互联系、相互作用，放大了城市经济效益，形成一种综合经济效益，它远远大于部门效益之和。同样，在城市群、城市带中，不同城市在职能上相互分工，空间上高度聚集，彼此之间存在广泛、密切、稳定的联系，使城市群、城市带整体吸引力增大，功能增强，其整体经济功能远远大于其各个组成城市的经济功能之和。

其次，城市群、城市带具有扩散效应。缪达尔认为，某一地区社会因素的变化，会引起另一个社会因素的变化，而后一个变化反过来又会增强初始因素的变化，并导致社会经济过程沿着最初的变动方向运动。对于城市群而言，这个变动过程包括两个阶段：第一个阶段，城市群、城市带的辐射力表现为单个城市的扩散，由市区向郊区不断延伸的扩散；第二个阶段，由于城市之间物资流、资金流、技术流、人才流和信息流不断增强，形成整个区域内城市群、城市带的网状辐射，辐射方向增多，辐射力度增强，辐射范围扩大，从而使城市群、城市带发展步入一个崭新时期[1]。

最后，城市群、城市带具有关联经济效应和范围经济效应。如前所述，不同企业在空间上聚集，带来关联经济和范围经济。同样，不同城市在空间上聚集，也会产生关联经济和范围经济。城市群、城市带中各个城市职能各异，有综合性中心城市，也有专门化城市，如工业城市、商业城市、旅游城市等。不同职能的城市之间存在着稳定的分工合作关系，致使城市之间在社会、经济、政治、文化等方面保持着密切的联系，形成"溢出效应"，这为各个城市的发展带来益处。而且，城市群、城市带中各个城市职能特色突出，形成多样化的投资机遇和居住环境，对其他地区的企业和居民产生强烈的吸引力，伴随着企业和人口的迁入，生产要素也向城市群、城市带集中，这为各个城市的发展带来正面影响。

---

① 姚士谋等．中国的城市群．合肥：中国科学技术大学出版社．1992年。

4.1.3　城市群、城市带的磁场效应与国际城市的形成

　　1844 年，英国物理学家法拉第提出了场和力线的概念。他认为，空间不是绝对虚空的，而是布满力线的场。场是一种看不见、摸不着，但能传递力的作用，且客观存在的物质实体。虽然"场论"最初是用来揭示自然规律的，但它同样可以用来阐释城市群、城市带的作用空间和国际城市的形成机制。

　　城市群、城市带是一个密集的经济空间，它具有强烈的聚集力和扩散力。一方面，它可以把大区域范围内甚至国际区域的生产要素吸引至此，通过规模化、专业化、集约化的生产和非生产经营活动，创造出巨大的财富，并使自身迅速成长，经济实力不断增强，演变成为世界经济增长重心区域；另一方面，它向大区域范围内甚至国际区域内输送产品，提供服务，扩散人才和信息，通过中心城市与边缘区域的相互作用，形成一种经济增长波，从而带动边缘区经济发展，塑造国际经济分工格局。在上述聚集效应和扩散效应的双重作用过程中，国际经济中心城市应运而生，并随着城市群、城市带的发展而不断发展壮大。

　　城市群、城市带磁场是一个由四级磁场相互作用、相互叠加形成的经济空间。一级磁场是指作为城市载体的城市群、城市带磁场；二级磁场是指作为企业载体的城市磁场；三级磁场是指作为生产要素运行载体的企业磁场；四级磁场是指在空间上可以自由流动的各种生产要素如土地、资金、技术、人才、信息等构成的要素磁场。就四级磁场的相互关系来看，一方面，要素磁场聚集构成企业磁场，企业磁场聚集构成城市磁场，城市磁场聚集构成城市群、城市带磁场；另一方面，一级磁场包含有二级磁场，二级磁场包含有三级磁场，三级磁场包含有四级磁场。

　　城市群、城市带的磁场效应是指在城市群、城市带形成和发展过程中，其组成城市就像一个巨大的磁场，在规模经济和聚集经济的作用下，不断地吸引各种经济要素和经济活动集中到城市，在聚集达到一定程度时，再通过辐射和扩散效应向周边地区输出生产要素和经济活动。城市的磁场效应一般呈现距离衰减规律，即距离城市愈近，磁场效应愈强；反之亦然。

　　城市群、城市带的磁场效应大致可以分为两种类型：一是城市对其农村腹地的磁场效应；二是中心城市对非中心城市或高等级中心城市对低等级中心城市的磁场效应。

1. 城市对其农村腹地的磁场效应

城市对其农村腹地的磁场效应是指城市通过聚集效应和扩散效应推动城市发展,促进其农村腹地的城市化。根据增长极理论,城市是周围地区经济增长的动力源,它通过与周围地区之间的要素聚集、创新扩散、信息传播和产业关联效应等,带动周围地区的经济发展,是该区域内次级新城市形成与发展的重要影响因素。

在市场经济条件下,区域内具有比较优势和区位优势的地方最先形成极点,并迅速聚集、扩张,从而形成城市,然后由城市极点通过扩散效应,逐步把城市磁力辐射、推进到腹地区域。城市以其有利的区位,相对良好的基础设施和投资环境,较多的就业机会和便利的服务设施及协作配套条件,以其特有的规模经济和集聚经济效益,吸引着各种经济要素持续不断地向城市聚集。当城市发展达到一定规模后,经济活动便从城市向其腹地扩散、转移,在这个过程中,可能出现新的经济增长点,它具有劳动力优势、市场优势、自然资源优势等,于是,引发新一轮要素聚集,并最终形成新的中心地城市。城市与区域之间保持着相互联系、互动互利、共同发展的关系。

在经济发达程度一致的情况下,城市对其腹地的吸引和扩散作用的大小,同城市的聚集程度即城市的规模成正比。城市规模越大,聚集程度越高,吸引和扩散作用越强,周围地区受益越多;反之亦然。在市场经济条件下,城市市场是一个覆盖着广大地区的资源配置中心,它拥有高效的资本、土地、技术、劳动力等要素市场,提供高效率的交通、仓储、金融、教育、科技、信息及他服务业,因此,它对企业和人口有着强烈的吸引力,吸引高密度的人才和资本流入。城市对人才和资本的这种集聚功能越强,它对周围地区辐射和服务的功能也就越强。城市通过技术转让、产业转换、资本输出、信息传播等多种方式,带动周围地区迅速发展,从而推动整个区域的发展和新城市的产生。

城市的聚集在空间上主要表现为三种形式:一是内城的更新与改造,包括危旧房的改建,商贸街的改造,大型商场集群的涌现,大型公共建筑向市中心区的聚集,中心商务区的形成,等等;二是外延扩展,主要是指城市不断向周围郊区蔓延,包括连片发展、分片发展和渐进发展。连片发展多呈块状或手指状分布;分片发展是指新形成的各片区具有相对独立的城市功能,是组团式规划的产物;渐进式发展是连片发展的一种特殊类型,是指大城市地区由内向外，即由中心商务区向住宅区、工业区、农村地区呈圈层状扩张、发展的过程；三是郊区城市化，包括居住的郊区化、商业服务业郊区化、工业郊区化等多个层面的内容，最终导致各种职能的卫星城和新城的产生，从而使郊区转变为城市地区，加速了区域城市化进程。

2. 高等级中心城市对低等级中心城市或非中心城市的磁场效应

高等级中心城市对低等级中心城市或非中心城市的磁场效应是指，高等级中心城市通过聚集效应和扩散效应，推动区域城市化，促使低等级中心城市或非中心城市产生，引发城市群和城市带形成的过程。因此，城市群、城市带是高等级中心城市对低等级中心城市或非中心城市磁场效应的结果，是城市化达到一定阶段的必然产物。

克里斯泰勒的中心地理论认为，城市是为居住在其周围地域的居民提供商品和服务的地方，城市的基本功能是，作为区域的生产和服务中心，为其影响区域提供中心性商品和服务，由于这些中心性商品和服务依其特征可分为若干层次，因而城市可按其提供商品和服务的特征和等级来划分成若干个层级，各个城市之间形成一种有序的层级关系[1]。根据一定区域内各中心城市提供商品和服务的高、中、低档次进行分析，可以确定一个中心城市在城市群、城市带中的地位和作用。因此，城市中心地理论可以用来说明一定区域内的城市等级和空间分布特征。

城市群、城市带是由不同等级的中心城市及其影响的非中心城市组成的系统（也称为城市圈）。城市群、城市带的磁场效应包括纵向的高等级中心城市对低等级中心城市或非中心城市的磁场效应及横向的同级中心城市之间或非中心城市之间的磁场效应两个层面的内容（如图 4-4 所示）。在城市群、城市带中，纵向磁场效应体现了高等级中心城市与低等级中心城市或非中心城市之间的梯度效应和辐射效应，横向磁场效应则更多地体现了同级中心城市之间或非中心城市之间的分工效应和协作效应。城市群、城市带通过纵向和横向两个层面的联系，可以引发连锁效应，即系统内的各个城市在其发展过程中形成的直接和间接的相互依存、相互制约的经济联系，这种联系会产生一种正向效应，促进城市价值链的形成。

---

① 李小建. 经济地理学. 北京：高等教育出版社. 1999 年。

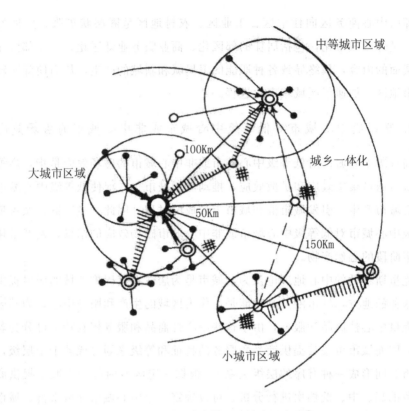

图4-4 城市群、城市带磁场效应示意图[①]

城市群、城市带的磁场效应十分强大，究其原因，主要有以下三个：

第一，城市群、城市带内形成了密集的网络化、组织化的空间联系，使区域内的资源和要素摆脱行政束缚，可以在城市群内各城市之间遵循市场交易机制自由流动。

第二，所有城市共享城市群、城市带内的公共资源和外溢资源，人才、资本、生产、信息和基础设施的一体化，使资源在更大范围内实现优化配置，实现区域经济的规模化、集团化，建立区域经济的共同市场，降低区域之间的交易费用，促进区域经济的协调发展和城市群、城市带中各城市的协调发展，最终推动整个区域的城市化进程。

第三，城市群、城市带内的所有城市之间形成了稳定的分工与合作关系，城市之间具有广泛而又紧密的经济联系，分工带来的专业化与竞争经济、协作经济和范围经济会使区域经济效益倍增。

---

① 姚士谋. 中国的城市群. 合肥：中国科学技术大学出版社. 1992 年。

4.2　国际城市形成的导向机制

国际城市的发展，既需要世界经济增长重心转移的外在推动，也需要城市科技创新的内在驱动，更离不开市场和政府的导向作用。

4.2.1　国际城市形成的市场导向

1. 动态比较优势导向

如前所述，在成熟的市场经济条件下，在全球经济一体化的大背景下，生产要素诸如资本、技术、人才等可以跨越国界，在不同的区域和城市之间自由流动，从而形成要素在全球的分布格局，也改变了不同城市在世界城市体系中的地位及城市之间的实力对比关系。具有动态比较优势的城市对生产要素具有强大的吸引力，成为生产要素流动的目的地，于是这些要素在此高密度聚集，创造出巨大的生产力，形成庞大的经济规模和极高的经济效益，城市人口规模也随之不断膨胀，城市功能不断提升，该城市最终演变成为世界经济控制中心的国际城市。因此，动态比较优势理论可从一个侧面揭示国际城市形成的市场导向机制。

（1）传统比较优势理论

经济利益和比较优势是决定区域分工乃至城市分工的动力基础。传统的分工理论主要有绝对优势理论（又称绝对利益理论、绝对成本学说）、比较优势理论（又称比较利益理论、比较成本学说）与要素禀赋理论等。

亚当·斯密的绝对优势理论认为，不同国家之间进行分工，能提高劳动生产率，促进经济发展。每个国家都应当充分发挥本国在生产上的优势条件，彼此之间进行分工，从事专业化生产，将本国生产的、生产成本绝对低的产品输出到其他国家和地区，并从其他国家和地区进口生产成本处于绝对劣势的产品，从而使双方都能从分工与贸易中获益。

大卫·李嘉图在亚当·斯密的绝对优势理论的基础上，提出了比较优势理论。李嘉图认为，两个国家产品的交换和分工格局取决于它们生产这两种产品的比较优势。每个国家都应当生产本国条件比较优越、成本比较低廉的产品，并输出到其他国家，并从其他国家进口本国需要的、但本国生产处于比较劣势或成本较高的产品，从而使双方从分工与贸易中获益。

赫克歇尔和俄林提出了生产要素禀赋理论。他们认为，生产要素包括劳动、资本和土地（包括耕地和自然资源）三大类。不同国家或地区由于其生产要素禀赋不同，即它们的生产要素供给状况存在差异，从而导致生产成本出现差异。一个国家或地区应当生产并输出那些较多地耗费供给相对丰富的生产要素的产品，进口那些需要耗费本国供给相对不足的生产要素的产品，从而获得比较利益。

上述分工理论不仅可以用于阐述国际分工与贸易的一般性规律，而且还能用来解释区域分工和城市分工及城市职能演变的内在规律。每个城市只有充分发挥自己的绝对优势和比较优势，明确城市的职能定位和发展方向，选择好以主导产业为核心的产业群，构筑合理的城市经济体系，才能实现经济的高速发展和综合实力的迅速提高。但是，上述理论是在假设资本和劳动力等生产要素在国际间不能自由流动的前提下推出的，属于静态理论，因此，它们在解释世界经济一体化背景下国际产业转移和国际城市形成的导向机制上具有一定的局限性。

（2）动态比较优势理论

日本经济学家筱原三代平等在研究第二次世界大战后日本经济高速发展的现象时，突破传统的静态国际分工理论，提出了动态比较优势理论（又称动态比较利益原则）。他认为，每个国家的经济发展过程都是一个动态的、充满变数的过程。在这个过程中，包括生产要素在内的一切经济因素都会不断地发生变化，但生产要素的变化速度和程度在不同国家和不同地区之间存在巨大的差异。对于后进国家来说，由于生产要素禀赋发生变化，某些产业或产品的生产条件会由比较劣势向比较优势转化，这将极大地改变该国在国际分工中的地位，使其从中获得动态比较利益，促进该国经济地位的提升。反之，对于先进国家来说，如果由于生产要素禀赋发生变化，某些产业或产品的生产条件由比较优势演变为比较劣势，则该国将失去动态比较利益，国家的经济地位也会随之下降。因此，任何一个国家在世界经济体系中所处的地位都是处在不断变化之中的。

动态比较优势理论对生产要素的界定较传统比较优势理论更为广泛，除劳动力、资本和土地要素外，它还强调科学技术要素优势在国际劳动分工中的决定性作用，它们可直接或通过传统要素间接作用于生产过程，极大地提高劳动生产率。

（3）新国际劳动分工理论

传统的国际劳动分工理论以国际贸易为基础，假设资本和劳动力是不可跨国界自由流动的。但 20 世纪 50 年代以后，世界经济出现了新的趋势，不仅劳动力在不同国家之间大规模频繁流动，而且资本也借助跨国公司这一载体在世界各国之间自由往来，资本的国际化和生产的国际化趋势日益强劲，世界经济一体化格局趋于明朗。在此基础上，国际分工理论不断得到完善和发展，出现了以要素替代理论、技术差距理论、产品生命周期理论为代表的新国际劳动分工理论。

要素替代理论是美国区域学家艾萨德在其 1965 年出版的《区位与空间经济》一书中提出的。他认为，不仅相同类型的要素如煤、水电、原子能、石油、天然气等在生产中可以相互替代，而且不同类型的要素如资本、劳动力等也可以相互替代。因此，在剖析国家或区域发展优势时，应该用区域最有利的要素投入组合成本取代简单地按统一要素计算的成本。在要素可替代条件下，国家或区域的比较优势由要素边际替代率和各种要素的区域价格差决定。

技术差距理论是由波斯勒于 1961 年提出的。该理论的要点是，能产生大量创新并生产出新的创新产品的国家或区域在这些产品的生产上占有优势。这种创新生产上的优势不是天赋的，也不是恒久不变的，它只存在于一个有限的时期——创新优势期。创新优势期的长短取决于其他地区仿制这种新产品的滞后时间。当一种创新技术由其发源地向其他地区传播，新区域的仿制生产形成规模后，发源区的创新优势就会丧失，要获得创新优势，就必须在该项技术或更新的技术上处于领先地位。

产品生命周期理论是由弗农在 1966 年提出的。弗农认为，与生物相类似，产品也有一个生命周期，它包括创新期、发展期、成熟期三个阶段。不同区域在处于生命周期不同阶段的产品生产上具有优势。处于创新期的产品的生产，技术创新源地具有绝对优势，并可获得垄断利润。处于发展期的产品，生产逐渐标准化，生产规模扩大，生产区域由少数创新源地向更多的地区转移。处于成熟期的产品，其生产技术得到普及，行业利润不断下滑，廉价劳动力充足的地区成为生产优势地区[①]。

（4）国际城市形成的地域分工基础

21 世纪，全球已迈入城市化时代，城市人口占全球总人口的比重达到50％以上，城市正在成为整个人类社会的主体。世界城市发展也呈现两个特点：一是全球城市化；二是城市全球化。城市特别是国际城市正成为国家或区

---

① 张敦富．区域经济学原理．北京：中国轻工业出版社．1999 年。

域经济与社会发展的控制、管理、协调和服务中心。在新的国际劳动地域分工理论指导下，世界城市体系正在形成，城市间的规模等级和职能分工格局正处于重组之中。

传统的国际劳动地域分工是以产业和产品为中心的水平分工，而新的国际劳动分工则是以市场为导向、以跨国公司为核心、存在于经济活动全过程中各个环节如管理策划、研究开发、生产制造、流通销售等之间的垂直分工。菲布瑞克（A. p. phiebrick）于 1975 年提出"中心职能学说"，将城市功能分为自上而下的 7 个等级：领导、控制、交换、转运、批发、零售、消费。一个城市在全球城市体系中的地位取决于它在国际劳动地域分工格局中的地位，也取决于它参与全球社会经济活动的程度以及它对资本、技术、信息等要素的占有、支配和控制能力[①]。国际城市就是处于全球城市体系高端、具备领导和控制功能的高等级中心城市。

2. 潜在市场容量导向

需求的扩大和市场容量的扩张是城市群、城市带形成的重要拉动力量，也是国际城市形成的先决条件。区域市场由消费市场和投资市场两部分组成，其中消费市场容量是由人口规模、人口密度和购买力水平决定的。而投资市场与消费市场之间具有互动关系，消费市场的扩张会拉动投资需求，使投资市场扩大；反之，投资市场的膨胀，也会进一步促进消费市场的发展与繁荣。因此，投资市场的规模同样取决于区域人口规模和消费水平。值得一提的是，人口密度在城市群、城市带及国际城市的形成中的作用不容忽视。只有当大规模的人口在一个有限的区域范围内高密度聚集时，在单位面积土地上才能创新出强劲的消费能力和庞大的消费市场，从而对各种生产要素产生强大的吸引力，形成一个高密度的投资市场，发展成为新的世界经济增长重心，并最终培育出新的国际城市。

中国有巨大的人口规模，形成庞大的消费市场和劳动力市场。中国沿海地区的长江三角洲、珠江三角洲和环渤海地区具有极高的人口密度、经济密度和城市分布密度，这本身就构成一个庞大的消费市场和投资市场。加之改革开放后，中国经济持续、稳定、高速增长，国家经济规模不断扩大，居民收入水平日益提高，市场容量迅速扩张。从长远来看，由于中国与欧洲国家、美国和日

---

① 崔功豪．当前城市与区域规划问题的几点思考．南京城市规划网．2002 年 11 月 1 日。

本等发达国家还存在一定的差距,中国经济还会不断地发展下去,因此,中国的潜在市场容量前景十分诱人,这也正是近年来许多发达国家在中国直接投资规模不断攀升的重要原因(如图 4-5 所示)[①]。巨大的市场吸引生产要素向中国集中,产生庞大的生产能力,这为中国成为世界现代制造业基地奠定了基础,也为中国沿海国际城市的发展输入了强大的推动力量。

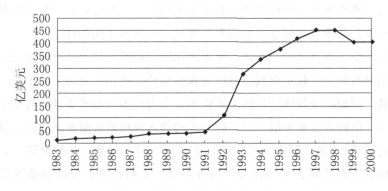

图 4-5　中国历年接受外国直接外资（1983—2000）

3. 市场对要素流动及国际城市发展的作用

国际城市是在国际分工及国际贸易的条件下产生的。国际分工导致国际贸易的产生和发展,而国际贸易的发展又对国际经济中心城市产生了需求,导致国际城市的形成。无论是国际分工和国际贸易的发展与完善,还是国际城市的诞生和强大,都离不开市场对生产要素流动的调节。随着市场机制的建立和完善,国际分工趋于深化,国际贸易走向成熟,国际城市也应运而生。

市场是一个复杂的大系统。从交易的内容来看,市场包括商品市场、劳动力市场、技术市场、金融市场、信息市场、房地产市场、产权市场等;从交易的空间范围看,市场包括国际市场、国内市场、区域市场等;从交易的时间来看,市场包括现货市场、期货市场和远期市场。

市场通过价格机制、供求机制、竞争机制和风险机制这四大机制对企业这个微观主体的生产经营活动进行调节,从而影响企业与企业之间、行业与行业之间、城市与城市之间、区域与区域之间的利益分配关系,促使生产要素在不同行业、不同国家、不同地区之间自由流动,形成新的要素配置格局,从而决定世界经济分布格局与城市群、城市带以及国际城市的分布格局。因此,市场

---

① 资料来源:《中国对外经济贸易年鉴 2001》。

的成熟与完善是国际城市建设的前提条件。

以市场为导向发展国际城市具有以下几个优点：

第一，可以突破行政区划的界限，实现资源的优化配置；

第二，将社会资本引入城市规划、建设、管理全过程，弥补城市公共产品和公共服务需求与供给之间的巨大缺口；

第三，拓宽城市资产的概念，将城市无形资产如城市形象、城市品牌等纳入城市经营的范围，使城市走上积累—发展—积累的正向循环；

第四，引入城市经营的理念，促进国际城市持续、快速、健康发展。

所谓城市经营，就是把城市当作企业来运营，采用市场经济的手段对构成城市地域空间和功能载体的自然生成资本、人力资本以及相关延伸资本等进行集聚布局、结构重组和价值运营，以一定的投入取得最大的经济效益、社会效益和环境效益[1]，也是运用市场机制，把城市经营的对象——城市资产，包括城市土地、城市建筑、基础设施、城市环境、文物古迹、旅游资源等有形资产，以及城市历史、城市文化、城市形象、城市生态、城市知名度、建筑风格和城市风貌，还有依附于有形资产之上的使用权、经营权、冠名权、各种特许权等无形资产，通过市场运作获取收益，并投入到城市发展的重点领域，走"以城建城，以城养城、以城兴城"的城市自我增值、自我发展的市场化道路。城市经营是一种理念、一种思路、一种模式，它应该贯穿在城市规划、建设、管理全过程中。只有采用市场导向模式，才能在国际城市的规划、建设、管理、运营过程中正确运用城市经营的理念，加快国际城市的发展。

4.2.2　国际城市形成的政府导向

虽然市场对国际城市的形成发挥着重要的导向作用，但国际城市的形成仅仅依靠市场导向还远远不够，它还需要政府的调控和干预，需要政府导向发挥作用。更准确地说，国际城市是在内在形成机制的制约下、在市场导向和政府导向的双重作用下形成发展的。因此，国际城市的形成需要政府导向。原因有两个：一是市场存在诸多缺陷及市场运作失灵；二是城市发展与管理的主体是政府。

一方面，成熟、完善的市场在要素配置和国际城市发展上发挥着重要的导

---

[1] 李丽萍等．试论城市经营的本质．城市发展研究．2003 年第 1 期。

向作用，然而在多数情况下，市场既不成熟，也不完善，它还存在诸多缺点和问题，甚至出现市场运作的失灵。市场缺陷主要包括以下几点：首先，市场信号常常出现在供求关系变动之后，因此具有反映滞后和不确定性；其次，市场调节具有短期性，它难以反映经济发展的长期趋势；最后，在市场机制的作用下，要素向一些行业、一些区域或城市集中和聚集，从而使它们取得规模经济效益和聚集经济效益，因而有助长行业或区域垄断之嫌。市场的调节作用有时还会失灵，表现为：不能反映区域经济活动的外部性；加大区际或国际经济差距；难以确保国家或区域的供需平衡；等等①。

　　另一方面，国际城市发展与管理的主体是城市政府。尽管城市的行为主体有四个：居民、企业、社团和政府，但由于居民、企业和社团各自追逐的利益具有小团体性和排他性，这决定了他们不可能成为城市发展与管理的主体，而只能是城市建设与管理的参与者。城市政府扮演着中间人的角色，它可以协调不同利益集团之间的关系，如企业与企业之间的关系、企业与居民之间的关系、企业与社团之间的关系、不同收入阶层居民之间的关系等，从长远上把握城市的发展方向，从中观层面上管理城市，从微观层面上经营城市，确保城市管理公平和效率双重目标的实现。因此，包括国际城市在内，任何城市的管理主体都是城市政府。

　　鉴于市场存在缺陷和运作失灵及政府作为城市管理主体的地位，国际城市的发展离不开政府的导向作用，城市政府责无旁贷应对国际城市的规划、建设、管理及城市社会经济发展进行全面的干预和调控。除城市政府外，中央政府、州或省级政府及大都市地区政府也都对国际城市的发展发挥着引导、调控、管理作用。

　　在国际城市的发展过程中，从中央到地方，各级政府都发挥着至关重要的导向作用，如制定城市发展战略与规划，制定各项法律法规，颁布各项政策，负责财政平衡，等等。但是，不同级别的政府，在国际城市发展中的作用也不相同，它们既有合作，更有分工。中央政府主要负责国家经济运行的宏观调控及城市化战略的制定；大都市区政府侧重协调区域内地方政府之间的关系，统筹大都市地区的城市发展与规划；城市政府则具体负责城市的规划、建设、管理与运营。

①　张敦富．区域经济学原理．北京：中国轻工业出版社．1999 年。

1. 中央政府的导向作用

中央政府对国民经济和城市发展发挥着重要的宏观调控作用。中央政府负责制定国民经济发展战略,颁布激励经济发展的各项政策,改革、规范、引导货币和金融市场,协调区际经济关系,兼顾经济、社会、环境发展目标,协调城市与乡村的发展关系,制定城市化战略和国际城市发展战略,等等。

政府宏观调控的成功案例举不胜举。20 世纪 30 年代初世界经济大危机之后,以罗斯福为首的美国政府奉行凯恩斯主义,首开政府干预国家宏观经济发展的先河,并取得了很好的成效,成为政府对国民经济实行全面宏观调控的成功范例。20 世纪 50 年代,西欧各国为了更好地恢复和发展本国经济,都实行了严格的货币管制,待国家经济趋于稳定后,才允许货币自由兑换,为其后的国际金融业发展奠定了基础。20 世纪 70 年代的"石油危机",导致资本主义国家经济出现严重的通货膨胀,离岸金融中心迅速发展。鉴于此,欧洲各国及美国为增强本国金融业的竞争力,都逐渐放宽对金融业的管制,出现了金融自由化高潮,迎来了国际金融业迅猛发展的新时代。

东京作为世界三大国际金融中心之一地位的形成,也离不开日本政府对东京发展的适度干预和积极促进。日本政府早在 1983 年就开始研究设立离岸金融市场的问题,提出多项创新,如实行存贷利率和存贷业务自由化,允许外国金融机构进入日本金融市场,加速各类市场如债券市场、股票市场、期货市场、货币市场的发展与完善,并借助东京先进的通信技术、与纽约和伦敦一起均分全球的优越区位以及便捷的交通条件,将东京建成世界一流的国际金融中心[①]。

2. 大都市地区政府的导向作用

国际城市是在城市群、城市带的土壤上生长起来的,而城市群、城市带则不是传统意义上的单个城市的概念,而是空间上紧密相连、职能上分工协作、基础设施一体化的城市群落,是一个城市化地区的概念。因此,城市群、城市带乃至国际城市发展的任务,不是单个城市政府所能完成的,它需要各个组成城市政府的相互配合与紧密协作。如何协调大都市地区各个地方政府如城市政府之间的关系,成为大都市地区发展的关键。为了寻求功能地域(即城市地区)和制度地域(即地方政府组织的管理范围)的一致,大都市区行政管理机

---

① 蔡来兴.国际经济中心城市的崛起.上海:上海人民出版社.1995年。

构应运而生。一些世界著名大都市地区都成立了大都市政府或类似的管理机构，以充分发挥大都市地区政府的导向作用。

20 世纪 50—70 年代是大都市政府的产生和发展时期。50 年代，世界上第一个大都市区政府——加拿大的多伦多大都市政府成立。1964 年，荷兰的大鹿特丹政府成立。1965 年，英国的大伦敦政府成立。1974 年，西班牙的巴塞罗那联合政府成立。20 世纪 70 年代中期，欧洲国家普遍成立了大都市区政府这样的行政管理机构。

20 世纪 80 年代，大都市政府出现了全面的衰退。主要原因有两个：一是它缺乏必要的权力和权威，只有依赖城市政府、社会团体和公众的一致努力，才能解决大都市区共同面临的问题；二是一些大都市区政府作为陈旧等级官僚体系中的一环，它们只是权力的传递者，并不能完全介入地方事务中。许多 20 世纪 50—70 年代成立的大都市政府纷纷被废除。1986 年，英国保守党政府废除了伦敦大都市政府。1985 年，荷兰废除了大鹿特丹政府。1987 年，西班牙废除了巴塞罗那联合政府。

进入 20 世纪 90 年代后，大都市区政府渐渐复兴，并发展至今。1994 年，意大利波各那省的 48 个自治市联合成立大都市政府，此后，罗马、威尼斯等也都成立了各自的大都市政府。同年，德国斯图加特成立了包括 179 个自治市和 5 个县在内的大都市区政府，它通过选举产生了一系列的服务部门——策略规划、公共运输、废物处理、经济发展等。1996 年，荷兰的鹿特丹也成立了大都市区政府。

按政府机构的权力大小，可以将大都市政府分为两种类型，即超城市型和城际型。超城市型大都市政府是最纯粹的"大都市模式"，它具有直接的政治合法性和明确的财政自治权，对一定功能区可行使多种管理权力。城际型大都市政府则不同，其政治合法性依赖于城市地方政府；它没有财政自治权，其资金来源于地方政府和上级政府。但是，在管理和控制能力上，两种大都市政府并没有明显的区别[①]。大伦敦都市政府就属于超城市型大都市政府，而由 13 个自治市组成的大多伦多都市政府则是城际型大都市政府的典型。

大都市区政府主要发挥中观导向作用，它具体承担以下几个方面的工作：一是协调各组成城市政府之间的关系；二是制定各项城市地区规划，如大都市区的城市体系规划、主要公路网规划、都市区铁路网规划、公园规划等；三是

---

① 许丰功等．西方大都市政府的管治及启示．城市发展与研究中心网页．2003 年 11 月．

布局各项公共设施，如供水设施、污水处理设施、垃圾处理设施等；四是提供各项公共服务，例如治安、消防、教育等；五是负责资产税评估等财务工作。

加拿大的多伦多大都市政府的运行，被西方国家公认为从政府组织角度解决大都市地区问题的成功案例。1954年，多伦多大都市委员会成立，由多伦多及其周围的12个市共同组成；1967年，大都市委员会机构重组，由多伦多城及其周围的5个自治市组成。多伦多大都市实行两级政府管理，大都市政府与其组成城市政府之间有明确的分工。大都市政府主要负责都市规划、供水（区域设施）、污水处理、垃圾处理、主要公路、公共交通、都市公园、资产评估等项工作。城市政府主要负责城市规划、供水（地方分配）、污水处理和垃圾收集、街道和公园管理、资产税收集、教育、消防、治安等项工作①。

英国的伦敦在其发展过程中，虽然没有成立统一的大都市政府，但各种类似于大都市政府的区域管理机构却发挥着重要的组织、管理、协调和导向作用。1964年，英国设立的大伦敦委员会，负责协调大都市内32个自治市的规划工作和社会事务。1965年，英国成立了东南区域规划委员会，负责英格兰东南部的区域规划工作。1967年，东南区域规划委员会制定了《东南部的战略》，1970年发表了《东南部的战略规划》。由于撒切尔政府奉行新自由经济，政府于1979年和1986年先后废除了区域规划委员会和大伦敦委员会。而大伦敦委员会负责的一部分事务诸如治安管理等上交给联邦政府直接管理，另一部分事务则交由新成立的大都市管理机构如自治市政府协会负责。

美国由于有地方自治的传统和民主自由的文化背景，在大都市的发展历程中，从未实行大都市政府体制，只是在大都市的各个组成城市之间形成一种水平的合作关系，建立各种形式的大都市管理委员会或城市联合会。这类组织机构的一个突出特点是缺乏权力，但通过讨论、咨询和协调，它也可以帮助解决大都市地区发展、规划和管理中的共性问题，如交通、环境、水源、公园等，以减少城市自治的负面影响。

亚特兰大区域委员会是一个全美历史最悠久、规模最大、公众资助的跨县规划机构，它组建于1947年，包括亚特兰大市、富尔顿县和迪卡尔布县三个成员。该委员会主要致力于解决大都市区的交通系统和开敞空间规划这两个区域增长的关键问题。1960年，克莱顿、科布和格温纳特县加入后，又组建了新的管理机构——亚特兰大地区大都市区规划委员会（ARMPC）。在20世纪

---

① 资料来源：《中国对外经济贸易年鉴2001》。

60 年代，除 ARMPC 外，还有多个区域规划机构在同时运作。1971 年，州政府为了规范这些机构的有序发展，加强它们之间的合作，颁布法令，将这些机构合并成一个统一机构——亚特兰大区域委员会。该委员会由交通、社区服务、总体规划、开发服务和支持服务五个子机构组成，其主要职责是：为区域规划活动提供数据库；制定人口、用水、交通等规划标准；制定流域开发和水库保护规划；向区内的企业收集数据、提供信息；辅助城市政府经济发展机构工作。该委员会在交通、开敞空间保护、环境质量、供水等方面的管理工作成绩卓著[①]。

1994 年，意大利波各那省由 48 个自治市组成的大都市政府宣告成立。波各那大都市政府下设两个一级机构：一个政治机构，即由各自治市的市长和省长组成的大都市会议；一个管理机构，即大都市会议秘书处，负责具体执行工作；此外，还设有三个技术机构：一是经济区域部，负责交通、环境、规划等工作；二是管理和金融部；三是健康和社会服务部。与其他大都市政府不同，波各那大都市政府只负责大都市会议秘书处和技术委员会的成立，实际上，它提供了一个讨论城市问题的讲坛。而技术委员会则与各个城市的专家联合，具体负责规划管理。波各那大都市政府曾成功策划了一些总体项目，如大都市策略规划、管理扶持计划、市政人员的培训计划等[②]。

总之，大都市区政府在国际城市的发展中发挥了不可替代的管理与协调作用。

3. 城市政府的导向与管理

国际城市的发展，既需要中央政府的宏观调控与支持，也需要大都市区政府的中观组织与协调，更需要地方城市政府的自治与管理。因此，城市政府的管理体制和运作效率在国际城市发展中发挥着至关重要的作用。

（1）城市政府的职责

城市政府的主要职责如下：一是制定城市发展战略、城市规划、城市分区规划，颁布各项城市发展政策和法律法规，确保城市载体的正常运转；二是向企业、居民和社团提供公共产品和公共服务，优化投资环境和居住环境，确保城市可持续发展；三是解决交通、环境、住房、治安等城市问题，降低城市聚集的负外部性，提高城市的运转效率和社会、经济、环境效益；四是在尊重市

① ［美］约翰·M. 利维. 现代城市规划. 北京：中国人民大学出版社. 2003 年中文版.
② 李丽萍等. 试论城市经营的本质. 城市发展研究. 2003 年第 1 期.

场的前提下，对要素的空间流动进行干预，以达到资源最优配置与城市地域结构有序发展[①]。

此外，中心城市政府对大都市政府的支持，是大都市政府正常运转的前提。大都市政府的实际运作，需要一个核心，一个强大的支柱，它一般来源于中心城市政府。因此，中心城市政府的大力支持是大都市政府很好发挥导向作用的基础。例如，意大利的波各那大都市政府的倡导者是波各那市和波各那省，其中波各那市是这个大都市地区的中心城市，它在预算、技术和人力资源方面占据绝对优势，因而构成"大都市政府"的领导核心。

(2) 城市政府的体制模式

创建高效的城市政府组织构架和管理模式是城市政府管理职能发挥的有力保证。在西方国家，城市政府属于地方政府一级，多采取自治型的政府管理模式。美国的城市经理制、英国的权力联合式城市议会制、法国的均质性市长议会制、瑞典的城市议会委员会制等，就属于这种类型。

美国的城市政府管理体制模式，经历了弱市长型市长暨议会制、强市长型市长暨议会制、城市行政官制、委员会制，发展到今天的城市经理制，体现市政体制改革的中心思想：一个城市就是一个大企业，市民即是股票持有者；城市事务应建立在严格的商业基础之上，不是由政党，而是由熟悉企业管理和社会科学、训练有素的人来管理。为了推进城市政府管理体制改革所采取的措施主要有：考绩制、文官制、超党派普选制等。

城市经理制是美国市政体制改革的结果。1899 年，加州《市政论坛》编辑黑文·A. 梅森说：每一个年收入或支出超过 5 万美元的城市，都应有一位拿工资的经理。他建议，在大学设立专门的系，以培训从事市政管理的专门人才。1908 年，弗吉尼亚州汤斯顿市设立了一名"总经理"，管理城市事务，由议会任命，并随时可以被议会罢免。理查德·蔡尔斯综合汤斯顿市和得梅因市的改革经验，提出完整的城市经理制方案。

城市经理制的政府构架由三个环节组成（如图 4-6 所示）。

城市议会：它通常由 5 人（或 7 人或 9 人）组成，由超党派普选产生，以确保城市管理公平目标的实现，其任期四年。议员是唯一民选的官员，因此，他们应向公众负责。市长通常在议员中选出，或由得票最多的议员担任，也有一些城市直接由民众选举市长。市长的职责是主持议会，只是礼仪上的行政首

---

① 吕玉印.城市发展的经济学分析.上海：上海三联书店.2000 年。

脑，没有超越议员的实际权力。

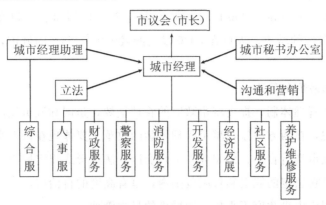

图 4-6　美国阿纳海姆市城市经理制的政府组织结构[1]

城市管理职能部门：如综合部、人事部、财政部、警察部、消防部、开发部、经济部、社区服务部、养护维修服务等部门组成，各部门之间是平行关系，以此形成类似于企业式的扁平组织机构，以确保城市管理效率目标的实现。

城市经理：它是一个设置在城市议会与城市各职能部门之间的专职管理者，其职责相当于企业的首席执行官（CEO），以体现专家治市的原则，确保城市管理的科学性。城市经理掌握行政权力，向议会负责，议会视其政绩确定其任期。同时，城市经理是具有专业知识的管理人才，有权任命各种专业管理人员，负责领导政府各部门的管理工作。

在城市经理制下，如果把城市比作一个企业，那么，市民就相当于股票持有者，市议会就相当于董事会，负责制定全面的政策；城市经理相当于 CEO（总经理），负责高效执行市议会制定的各种政策。

城市经理制的优点如下：一是强调专业化、科学化管理，开市政管理科学化之先河；二是城市经理制放弃了制衡原则，避免了立法与行政部门间的矛盾和摩擦，避免了政治僵局；三是行政权与立法权分开，行政权由城市经理掌握，立法权由市议会掌握，建立了有效的批评和监督机制；四是城市经理由市议会任命，而非民选产生，既明确了城市管理的责任，也有利于启用专门人才进行行政管理，确保了管理者的质量；既保证了行政管理的效率，又通过普选或分区选举议员，在议员中较均匀地分布了市政决策权力，使市民间接参与了

---

① 董克用主编．公共治理与制度创新．中国人民大学出版社．2004 年。

市政决策，实现了公平。

目前，美国人口在 25000 以上的城市中有 63％的城市、人口在 1 万以上的城市中有 57％的城市、人口在 5000 以上的城市中有 53％的城市，采用了城市经理制[①]。

（3）城市政府的管理绩率

改革城市管理体制，提高城市政府的管理绩效，是国际城市发展的必然趋势。如前所述，在西方国家，城市管理体制的改革主要体现在以下几个方面：

第一，城市实行自治，由州或中央政府以立法的形式规定城市政府的职责和权限，城市在法定的职责和权限范围内，享有高度的自治权，可以自主地决策和管理。州或中央政府不直接干预城市的日常管理。

第二，扩大城市政府的管理权限，如授权城市政府发行城市建设债券，以筹集城市公共物品建设资金，使其与城市管理职责相匹配。

第三，充分发挥市议会的立法和监督作用，建立有效的立法、监督和批评机制，确保城市管理公平和效率双重目标的实现。

第四，明确立法权和行政权的界限，以确保行政管理权的相对独立和集中，提高城市管理效率。

第五，设置城市经理或聘用管理专家，确保城市管理的科学化和专业化。

（4）城市基础设施的市场化管理

采用市场化的运作模式，减轻城市政府的财政负担，拓展城市政府的服务和管理职能，是西方国家国际城市运作的成功经验。

随着城市规模的扩大和职能的叠加，城市问题趋于复杂，城市管理的范围越来越宽，管理的内容越来越多，国际城市更是如此。因此，城市政府不可能对所有的城市管理和服务都亲力亲为，而应充分调动社会力量，将一部分政府服务事务委托给私人企业或民间团体来经营，实施基础设施的市场化管理。

具体而言，城市基础设施的市场化管理主要采取以下几种形式[②]：

经营业绩协议：指政府与参与运营的私人企业签订有关经营业绩标准以及如何分配经营所得的协议，其主要目的是在企业和政府间形成一种互惠关系。这一方式使政府保留了全部的决策权，它可以作为私营部门参与城市基础设施

---

① 李壮松．美国市政体制的确立及其成因．城市研究．2002 年第 6 期
② 李丽萍、张伟．国外城市基础设施的市场化管理．济南行政学院学报．2004 年第 2 期。

建设的尝试性方法。该方式成功的关键在于在合同中明确业绩考核指标，确立合理有效的激励机制，实行有效的事后评价。韩国 1983 年起采用经营业绩协议的方式对国有资源进行改革，取得了显著的成果，能源和电信企业的资产收益率从 1984 年前的不足 3％上升到 20 世纪 80 年代末的超过 10％。

管理合同：将广泛的经营和维修责任委托给私人部门，承包商被授予充分的决策自主权，其私人介入程度要高于经营业绩协议，因而在经营业绩协议失效或低效的地方，可能会更有效。管理合同主要有两种：一是收费固定的合同，如传统的管理咨询转让契约；二是根据经营业绩收取费用的合同，将承包者的收入与经营业绩挂钩。实践证明，后一种管理合同更有效。在法国，供水和卫生设施的管理普遍采用管理合同形式。为提高劳动生产率而设立的激励机制，使承包者的收入与一系列的指标挂钩，包括减少泄漏、扩大设施覆盖面积等等。

服务承包合同：将大的公益工程中的一部分承包给私人部门实施。例如，在铁路运输中，机车的维修保养可以分包出去；在供水和污水处理方面，管道的维修、查表、收费等都可以采用服务承包合同的方式分包出去。由于引入了效率较高的私人部门参与，并在合同招标时采取了竞争性招标方式，因而能够降低成本、提高效率。例如，巴西在将养路工程承包出去后，在保证质量不变的前提下，成本降低了 25％。

租赁：指承包商向公共机构支付一定费用，获取某一设施或某项服务排他性经营权的方式。在租赁方式中，政府为基础设施建设提供主要的投资，而私人承包商则为使用这些公共设施付费。一项租赁合同一般给予承包商 6～10 年时间内连续获得收益的专有权利，承包商承担大部分或所有的商业风险，因而承包商有降低成本、提高效率的动力。但在签订租赁合同时，政府部门应当特别注意加入保持设备长期使用条件良好以及所要达到的最低维修标准的条款，并加入评价经营业绩的考核指标，以便在必要时中止合同。这种方式更适用于较稳定的城市基础设施经营活动。

特许经营权：虽然具有租赁的所有特征，但它给予了私人承包商更多的投资责任和收益分配，因而可以广泛地应用于城市基础设施的各个领域。目前，在铁路、电信、城市交通系统以及供水系统中都有特许经营权的使用。特许经营权方式的关键是制定详细的合同条款，政府方应注意加入终止条款，一旦特许权人未能如约完成合同的经营目标，政府可以及时撤回特许权。

私有化改造：将城市基础设施国有企业转化为私营或混合式的企业，通过竞争的全面引入和所有制形式的多元化，来提高城市基础设施项目的效率和效益。这时，政府应当根据城市基础设施的不同性质，对城市基础设施的各个具体行业进行细分，从而进一步确定政府对新企业的控制权的保留程度。此外，为了防止私有化后可能出现的行业垄断，政府应当对新企业制定一些最低投资要求，并实行严格的监管和法律约束。

第5章　国际城市的发展模式与形成路径

本章重点讨论两项内容：一是国际城市的发展模式；二是国际城市的形成路径。在国际城市发展模式部分，本章对比分析了两组国际城市发展模式，即产品经济模式与环境经济模式，以及外生式发展模式与内生式发展模式，详细介绍城市经营模式的理论与实践。在国际城市形成路径部分，本章在介绍国际城市发展影响因素体系的基础上，重点分析了国际城市发展的关键因素及不同时期主导因素的演变，论述了城市形成的区位路径、经济路径、政治路径、文化路径和环境路径。

5.1　国际城市的发展模式

关于国际城市如何发展，学界的理论提炼很多，总结出来的发展模式也数不胜数，如科学兴市模式、可持续发展模式、内涵式发展模式、组群式发展模式等。虽然模式很多，但它们都是从不同侧面来描述国际城市发展规律的。限于篇幅，本文不可能将所有模式一一列出，只是就有关国际城市经济发展的产品经济模式和环境经济模式及内生式发展模式和外生式发展模式这两组理论模式进行挖掘和总结。

5.1.1　产品经济模式与环境经济模式

从切入点来看，国际城市发展经济的思路和模式可以归纳为两种：一种是产品经济模式；另一种是环境经济模式。所谓产品经济模式，是指国际城市从上项目特别是工业项目来吸引投资入手，通过生产最好的产品，并将产品输出区外，来获取收入，带动城市基础设施建设和经济发展。所谓环境经济模式，就是指国际城市的政府把经营城市作为突破口，将城市作为最大的产品来规划、设计、建设与经营，营造最佳的投资环境和最宜人的居住环境，以城市的知名度和品牌，吸引国内外商家来此投资，吸引国内外游客来此观光、游玩、购物，从而为城市争取投资，增加收益，带动经济与社会全面发展①。

产品经济模式与环境经济模式的差异主要表现在以下几个方面（见表 5-1）：

表 5-1　产品经济模式与环境经济模式的对比

	产品经济模式	环境经济模式
优势条件	市场优势；资源优势	区位优势；环境优势
发展途径	某种产品生产→相关生产部门发展→第三产业发展→城市规划、建设与管理	城市规划、建设、管理→第三产业发展→环境优化→第二产业发展
适用对象	处于发展初期或中期的城市	处于发展成熟期或后成熟期的城市
行为主体	企业家	城市政府
乘数效应	较小	较大

1. 两者的优势条件不同

产品经济模式是以市场需求和资源供给优势为前提条件的。首先，必须有市场需求，才能采用产品模式。如果没有消费需求，生产出再多再好的产品，也销不出去，产品的价值也就无法实现，潜在优势也就无从转化为现实优势，也就不能为城市增加收入，拉动城市经济全面发展。其次，该国际城市必须拥有生产该种产品的资源优势，如先进的生产技术、质优价廉的原材料和燃料、便捷的运输条件等，从而使该市生产该种产品的成本最低，利润最大，以此为城市增加收入，拉动城市经济全面发展。

环境经济模式则不同，它是以国际城市的区位优势和环境优势为前提条件的。位居水、陆、空交通要冲，运输条件优越；以广阔的内陆区域为腹地，吸引辐射范围广大；气候温暖湿润，山水景观秀美，用地条件良好；等等。拥有上述条件的城市，很有可能发展成为规模较大的高级中心地，特别是国际城市。它是整个区域与外界联系的纽带与桥梁，其城市经济的发展与规划建设环境的塑造，不仅是城市自身社会发展的需要，更是广大腹地经济全面腾飞的客观要求。

2. 两者的发展途径不同

产品经济模式是以培育名牌企业，外销名牌产品，为本市增加收入为切入

---

① 李丽萍. 大连国际性城市发展的环境经济模式. 城市发展研究. 2001 年第 1 期。

点的，采用的多是专门化发展的道路，形成的城市多数为专门化的工业城市。以一种或几种同类产品的生产来支撑城市经济，使其演变为国际城市的例子，在国内外并不少见。例如，美国的底特律和日本的丰田都是著名的国际汽车城。再如，中国的东莞已发展成为一个国际性 IT 城市，全市拥有 IT 制造企业 2800 多家，电脑整机零部件配套率达 95％，IBM、康柏、惠普、贝尔等电脑公司都把东莞作为重要的零部件采购基地，东莞已成为全球重要的电脑及周边产品生产基地，有"东莞塞车，世界缺货"的美誉。

采用产品经济模式的国际城市，其经济发展途径如下：某种产品生产→相关生产部门发展→第三产业发展→城市规划、建设、管理、经营。采用产品经济模式发展起来的城市，多为资源型工业城市，或为专门化工业城市，或为综合性工业城市，其产品知名度往往大于城市知名度。例如，长虹的品牌知名度很高，可以说享誉海内外，但以长虹集团作为经济支柱的绵阳市，其知名度要逊色得多了。

环境经济模式则不同，它将城市视为最大的产品，以城市的自身形象为品牌，吸引投资者来本市投资建厂、兴商、发展产业，吸引消费者来旅游、购物甚至定居，为本市增加收入。采用环境经济模式的国际城市，其经济发展途径为：城市规划、建设、管理→第三产业发展→环境优化→第二产业发展。采用环境经济模式发展起来的城市，多是高等级、综合性区域中心城市，它不仅拥有发达的第三产业，拥有优越的投资环境和宜人的居住环境，也同样拥有市场占有率高的名牌产品，只是城市的知名度远远大于某种产业或产品的知名度而已。例如，上海是中国最大的国际城市、环太平洋中部的区域中心城市，城市的品牌和知名度很高，以致其众多国内、国际闻名的企业和产品知名度反而相形见绌。

3. 两者的适用对象不同

产品经济模式所需的投入较少，见效较快，经济发展后劲不足；而环境经济模式所需的投入很大，见效很慢，后劲十足。

产品经济模式适用于处在萌芽期或成长初期的城市或国际城市。此时，该城市的经济基础较为薄弱，产业结构等级较低，发展经济成为首要任务，因此，这类城市没有足够的经济实力进行大规模的基础设施与环境建设，它迫切需要通过上项目，出产品，尽快取得经济效益。

相反，环境经济模式则适用于处在成熟期或成熟后期的国际城市。此时，城市积累了一定的经济基础,产业结构已逐步向高级化迈进,用地紧张、交通拥堵、空气污染、治安下降等各种"城市病"日趋严重,城市面临着严峻的可持续发展的问题。因此,这类城市有足够的动力和强大的实力从事大规模的基础设施和环境建设,通过城市硬、软环境的优化,有选择地吸引投资,争取项目,发展与城市性质相吻合的产业,增强城市的发展后劲与潜力,确保城市的可持续发展。

4. 两者的行为主体不同

产品经济模式的行为主体是企业家。在市场经济条件下,选择产品,上马项目,是企业家的事情。由企业家根据市场需求及区域资源优势及企业自身发展的需要,确定新建工厂的厂址、生产规模与经营方式。他们以追求利润最大化为出发点和最终目标,但在其最大利润实现的同时,也为城市政府提供了丰厚的财政和税收,为城市经济发展做出了贡献。由于城市的规划、建设、管理与经营是一个全局性的大问题,但城市中每个单个经济主体的趋利性,导致他们只贪图眼前利益和小集团利益,却无视城市的长远利益和全社会的整体利益,因而他们不可能承担起规划、建设、管理、经营城市的重任,而只能作为辅助力量参与其中。

环境经济模式的行为主体是城市政府。在市场经济条件下,城市政府作为竞争性行业投资主体的地位日渐淡化,作为社会各方面利益协调者和游戏规则制定者的身份不断明确。城市政府的首要职责就是经营城市,即制定城市发展战略、城市规划、城市分区规划,颁布各项城市发展政策和法律法规,确保城市载体的正常运转,为城市经济社会发展营造一个便捷、宽松的环境,包括城市硬环境和软环境,向企业、居民和社团提供公共产品和公共服务。如果说产品的经营者是企业家的话,那么,城市的经营者就是城市政府。能否为城市选择一个正确的发展方向,能否将城市规划好、建设好、管理好,应视为政府政绩的一项重要评判标准。

5. 两者的乘数效应不同

在产品经济模式中,某一种产品的生产,会通过其纵向联系,如前向联系和后向联系,带动相关产业的发展,通过横向联系带动城市生产性服务与生活性服务业的发展。如炼钢会带动采矿、炼焦、炼铁、轧钢、机器制造、金属加工业的发展,由此带动相关生产性服务及生活服务业的发展,促进城市的成长与繁荣。产品经济模式的联动效应主要发生在某一行业领域，波及的范围有限，乘数效应较小，所形成的城市，生产性功能较强，中心地功能较弱。

而在环境经济模式中，首先发生变化的是城市建设，如城市的环境建设、基础设施建设和房地产业的发展，从而塑造出一个最佳城市环境，然后才能吸引投资，生产出产品，带动相关产业的发展。因此，其环境优势对许多产业都具有较强的吸引力，它一方面可以通过吸引投资，发展各类产业，来积累资金，进一步优化城市环境；另一方面又可以通过环境的塑造和第三产业的发展，吸引各类人才，增强区域竞争力和发展后劲，使城市的中心地功能不断强化，在区域经济发展中发挥引导、组织、管理与协调的作用[1]。

通过上述分析，我们可以得出结论：环境经济模式是国际城市发展的最佳选择。原因主要有以下几个：首先，国际城市的区位优势和环境优势突出。世界上中纬度地区通航的大河流入海口处，易形成国际城市，如伦敦、巴黎、纽约、东京、上海；其次，国际城市是高等级中心地，是不同层次世界经济体系的控制、管理、协调中心，第三产业发达，高端服务职能突出；再次，国际城市是处于成熟期或后成熟期的综合性大城市，可持续发展的任务十分艰巨；最后，国际城市人口规模巨大，经济实力雄厚，具有采用环境经济模式的实力。

作为综合性的国际城市，由于它不是一个单一的城市，而是一个由中心城市及其周围众多的小城市共同组成的城市地区，因此，除中心城应选择环境经济模式外，周围的专门化工业城市的发展就可以采用产品经济模式。例如，在上海国际城市发展中，中心城应采用环境经济模式，而周围分布的工业卫星城如宝山钢铁城、金山石化城等，则应采用产品经济模式。而作为专门化的国际城市如国际化工业城市，则产品经济模式就是一种上佳选择。

产品经济模式和环境经济模式的典型案例有很多，我们仅以东莞国际 IT 城（见案例 5-1）和大连东北亚国际经济中心城市为例（见第 7 章）进行分析。

需要指出的是，上述产品经济模式与环境经济模式可以说是在一般城市发展规律的基础上总结出来的，而国际城市，特别是作为本书研究对象的高等级综合性国际城市，只是城市中的一种特殊类型。那么，这种一般性规律是否可以用于描述国际城市这种特殊类型的城市呢？作者认为，答案是肯定的。原因有以下三个：首先，国际城市是城市中的一种类型，因此，它符合城市的发展和演变的一般规律。其次，正是由于国际城市特别是综合性国际城市是城市中

---

① 李丽萍．试论城市经营的两种模式．北京规划与建设．2001 年第 5 期。

的一种特殊类型，所以，它更适于采用环境经济模式。再次，综合性国际城市
与非国际性中心城市的区别，在于其吸引辐射范围是否跨越国界，而不是其发
展经济的思路与模式；最后，在一个城市的演变历程中，前一个阶段可能是一
般的区域性中心城市，而后一个阶段它就变成了国际城市。

案例 5-1：国际 IT 城市——东莞

东莞市位于珠江三角洲东部，北接广州，南连深圳，毗邻香港，地处穗
港经济走廊中间，是广州—东莞—深圳—香港城市带的组成部分。1985 年撤
县设市，1988 年升为地级市，面积 2465 平方千米；2002 年，全市总人口为
156 万人，其中非农业人口为 56 万，常住人口为 640 多万，港澳台同胞有 70
多万人，海外侨胞有 20 多万人，是我国著名的侨乡。

东莞是采用产品经济模式，通过接受国际产业转移，发展产品经济，
生产和出口名牌产品，为城市增加收入，拉动城市经济全面发展的成功
范例。

改革开放 20 年多来，东莞经济以平均每年 22% 的增长速度蓬勃发展，
现已跻身全国大中城市综合实力前 30 强。2002 年，全市国内生产总值达到
672.9 亿元，人均国内生产总值达到 43401 元；工业总产值达到 1352.7 亿
元，地方财政预算内收入突破 55 亿元，城乡居民储蓄年末余额升至 1001.7
亿元。国民生产总值、工业增加值、第三产业增加值、固定资产投资总额、
社会消费品零售总额、预算内地方财政收入等 6 项经济指标的增幅在广东省
各市中均居首位。

东莞外向型经济发达，跨国公司云集。2001 年年底，全市实际利用外资
132.72 亿美元，外商投资企业 13800 多家。世界排名前 100 强的企业有 13
家、排名前 500 强的企业有 30 家、跨国公司 124 家、境外上市公司有 800
家。例如美国的杜邦、瑞士的雀巢、荷兰的菲利浦、德国的赫司特、芬兰的
诺基亚、韩国的三星、英国的太古集团以及日本的日立、新日铁、索尼、住
友等，都是世界著名的跨国集团公司。

东莞是一个专门的国际制造业城市，它以制造业，特别是 IT 制造业为支
柱产业，产品远销世界各地。电脑磁头、电脑扫描仪、电脑驱动器、高级交
流电容器、微型马达、录像磁头等产品产量占世界市场份额的 20%～40%；
鞋类产品占世界市场份额的 1/10 以上，服装、玩具、家具等产品远销欧、美等

国际市场。2001 年，全市外贸进出口总额为 344.55 亿美元，其中出口总额为 189.9 亿美元，连续六年在全国各大中城市中名列第三。

东莞的 IT 产业在世界上占有重要地位。IT 产业是东莞的支柱产业，全市拥有 IT 制造企业 2800 多家，电脑整机零部件配套率达 95%。东莞已成为全球重要的电脑及周边产品生产基地，IBM、康柏、惠普、贝尔等电脑公司都把东莞作为重要的零部件采购基地，有道是"东莞塞车，世界缺货"。一年一度的东莞国际电脑资讯产品博览会，成为继美国拉斯维加斯、德国汉诺威、中国台北之后的全球第四大电脑资讯产品博览会，吸引了全世界众多商家参展，这标志着东莞已由单纯的 IT 制造基地向包括产品研发、贸易和生产等诸多环节在内的 IT 经济中心过渡。

在发展产品经济，增强城市经济实力的基础上，东莞市还十分重视城市的规划、建设、管理和经营，创造城市品牌，树立城市形象，促进城市社会、经济、环境协调发展。

东莞城市总体规划文本中将东莞的城市形象定拟定为："千年莞邑，IT 新都，山水嘉园"，以国际制造业名城、生态绿城和文化新城为特色的现代化中心城市。

东莞城市总体规划的发展目标是：到 2010 年，将东莞建设成为现代化的区域中心城市，城市化水平将达到 80% 左右，城市功能日益完善，城市环境优美舒适，城市布局合理有序，聚集力和辐射力与日俱增，成为制造业、商贸、科技、信息、服务业的区域性中心，并具有制造业名城、文化新城、生态绿城的城市品牌。

东莞城市总体布局格局为："一个中心、东西两翼、多个支点"的空间格局。一个中心是指城市新区、同沙生态公园和松山湖"三位一体、拥有 220 平方千米和 220 万人口的城市中心区。其中，城市新区是行政文化中心，是东莞的代表性城市景观片区，集中了为制造业服务的各种中介机构，城市服务功能突出；松山湖科技产业园区是经济科技中心，拥有众多大型国际性企业的研发机构以及国内外许多著名高等院校和科研院所的科研基地，创新功能突出；同沙生态公园是城市中心区的一个"绿肺"。东西两翼是指分别以虎门、常平为中心的两大次一级区域，各自依托虎门港的开发建设以及常平铁路枢纽的重要区位，大力发展以现代流通业为主的商贸、物流产业，促进城市大生产、大流通格局的形成。多个支点是指全市范围内优势突出、辐射带动能力较强的中心城镇，以及周边各具特色、功能互补的城镇，它们与中心城市一起，共同组成东莞这个现代化、组团式的中心城市。

东莞作为产品经济模式的典型案例，其成功源于以下三个原因：

首先，东莞国际 IT 城市的崛起，是广州—东莞—深圳—香港城市带发展的需要，是香港的国际制造业向珠江三角洲转移的结果。2001 年年底，港商在东莞的累计投资达到 90.8 亿美元，占全市实际利用外资总额的 60.5%，高居第一位。在东莞的 14000 多家企业当中，港资企业就有 8000 多家，占 60%。全市外商投资在 1000 万美元以上的三资企业共有 255 家，港资企业有 170 家，占总数的 66.6%；来料加工企业共 64 家，香港企业有 56 家，占总数的 56%。香港是东莞生产技术、管理经验、市场信息等要素的主要来源地，东莞的服装、毛织、塑胶、玩具等行业都是在港资企业的示范带动下成长起来的。香港也是东莞通向世界市场的桥梁，东莞每年直接出口香港以及经香港转口的商品占全市出口总额的 90% 左右。可以说，原来东莞和香港之间的"前店后厂"关系现在仍未改变。

其次，东莞发展国际 IT 城市是实现优势互补、强化城市特色的需要。东莞处于深圳、广州两个中心城市之间，是香港和广州之间的裂点，区位条件十分优越，便于接受广州、深圳和香港的经济辐射；同时，东莞是一个新兴城市，土地资源丰富，价格低廉，劳动力十分充裕，经济体系尚未建立，对香港国际资本与制造业具有极强的吸引力，并且与广州、深圳等珠江三角洲各城市在经济上具有很强的互补性。东莞正是凭自己的区位和资源优势，依托广州和深圳两地的高科技力量和第三产业，借助香港国际产业转移的机遇，通过产品经济模式，发展成为国际 IT 制造业城市的。

最后，城市政府的正确导向在东莞国际 IT 城市的形成和发展中发挥了不可替代的作用。东莞市政府确立了正确的发展思路，即"一网、两区、三张牌"。"一网"是指围绕中心城，把东莞 2465 平方千米作为一个整体来进行规划、建设和管理，构筑以水、气、路、电网为主的高标准基础设施网络，为全市产业布局调整和城市建设提供一个新的发展平台；"两区"是指建设城市新区和松山湖科技产业园，这两个城区的建成将从整体上提高东莞的聚集力、辐射力和城市竞争力；"三张牌"是指城市牌、外资牌和民营牌，这是推动城市经济社会发展的着力点，由此培植城市新的发展优势和增长动力。

5.1.2　外生式发展模式与内生式发展模式

弗里德曼认为，从城市发展所依赖资源的来源不同，可以将国际城市的发展模式分为两种：一种是外生式发展模式，又称城市营销模式；另一种是内生式发展模式，或称内部式发展模式。所谓外生式发展模式，就是指城市政府通过城市策划和城市营销，来吸引全球的资本、技术、人才等要素资源，以便迅速、高效地发展城市经济，增强城市竞争力，提升城市等级；所谓内生式发展模式，就是指城市立足于自身的资源和实力，谋求经济发展，增强城市竞争力，提升城市品位和等级。

弗里德曼指出，外生式发展模式与内生式发展模式的差异主要表现在以下六个方面（见表 5-2）[①]：

表 5-2　外生式发展模式与内生式发展模式的对比分析[②]

	外生式发展模式（基于外部的发展模式）	内生式发展模式（基于内部的发展模式）
作用空间	核心城市	城市—区域
时间尺度	长期负债	短期负债
影响范围	经济增长最大化	众多发展目标优化
基本驱动力量	外生力量，向内注入	内生力量，向外扩散
作用途径	竞争的（零和）	合作的（网络组织）
可持续性	弱	强

第一，两者的作用空间不同。外生式发展模式的作用空间局限于剥离了郊区及直接腹地的中心城市；而内生式发展模式的作用空间是中心城市及其吸引辐射的区域。

第二，两者的时间尺度不同。外生式发展模式追求的是城市的短期利益，采用的是长期负债的方式；而内生式发展模式追求的是城市的长期利益，采用的是短期负债的方式。

第三，两者的影响范围不同。外生式发展模式以吸引全球资源以迅速提高城市竞争力为目的，在提供就业岗位和增加收入上见效快，但其影响范围仅限

---

① John Friedmann. Planning Global Cities：A Model for an Endogenous Development. 2002. 城市规划汇刊 . 2004 年第 4 期。

② 资料来源：李丽萍 . 试论城市经营的两种模式 . 北京规划与建设 . 2001 年第 5 期。

于经济方面，对社会和环境的发展无助甚至有害，甚至以牺牲社会和环境利益来换取短期经济利益；而内生式发展模式则不同，它追求经济、社会、环境等多重目标的优化，实现城市经济、社会、环境的协调发展，但在创造就业岗位和增加收入方面的短期效果不如前者明显。

第四，两者的基本驱动力量不同。在外生式发展模式中，城市发展的驱动力量主要来自于城外、区外甚至国外，它不受城市自身的控制；而内生式发展模式则不同，其发展的主要驱动力量来自城市自身，来自于城市的历史积淀，因而城市可以控制自身的发展和命运。

第五，两者的作用途径不同。外生式发展模式是通过与其他城市之间的激烈竞争谋求发展的，由于全球资本供给总量是平衡的，一个城市吸引到过多的资本后，其他城市的发展机会就会减少，城市与城市之间呈现恶性竞争的态势；而内生式发展模式则不然，它是通过与其他城市之间的合作来谋求发展的，实现城市与城市的双赢或共同发展。

第六，两者的可持续性不同。外生式发展模式过于注重外来资源，追求短期利益，城市与城市之间竞争多于合作，因而其发展的可持续性较差；而内生模式注重城市的内在资源，瞄准长期目标，追求经济、社会和环境效益的统一，因此，其发展的可持续很强。

国际城市的形成和发展，应以内生式发展模式为主，以外生式发展模式为辅，以实现经济效益、社会效益和环境效益的协调统一，实现可持续发展。

外生式发展模式具有三个明显的缺点：一是城市发展受制于外部资源，不能主动掌握城市自身的命运；二是城市与周围区域的割裂，城市只热衷于吸引外资，发展中心城市，忽视周围腹地的发展，致使中心城与周围区域脱节；三是城市短期内引进大量外资，发展房地产和基础设施，以提高城市的国际形象和信誉度，因而会陷入巨额债务之中，从而危及城市的长远、健康发展。因此，国际城市发展不能单纯依赖外生式发展模式。

内生式发展模式具有三个显著的优点：一是中心城市与其邻近地区形成一个城市——区域统一体，中心城市发展的驱动力量来自于此，发展的结果是城市与区域的共同繁荣；二是城市政府树立了长期性、战略性、得到普遍支持的远景发展目标，积极、超前地保护或提升城市地区创造财富的资源复合体的质量，鼓励创新的理论与实践；三是通过与其他城市的密切合作形成城市网络，使城市与城市之间由恶性竞争转化为适度竞争、广泛合作、共同发展。

鉴于上述分析，国际城市发展应采用内生式发展模式，只有这样，国际城市才能主动掌握自身的发展与命运，增强自身的竞争力，完成国际城市发展的历史使命。而且，只有那些能规划好、管理好自己创造财富的资源的城市，才有能力吸引外部资本的进入，才能采用外生式发展模式。

当然，对于发展中国家的国际城市而言，由于自身的资源积累不足，发展能力有限，仅仅采用内生式发展模式还不够，还要在一定程度上采用外生式发展模式，借助外部资源，促进本地经济快速发展，因为发展是这些城市面临的最迫切的任务。

5.1.3　国际城市的经营模式

外生式发展模式与内生式发展模式是弗里德曼根据世界各国的国际城市发展实践总结出来的一般性规律，而城市经营模式则是国内学者根据我国城市发展实践提出的一种城市发展模式，它适用于中国的所有城市，更适用于中国的国际城市或潜在的国际城市。

1. 城市经营的理论探讨

城市经营就是把城市当作企业来运营，采用市场经济的手段对构成城市地域空间和功能载体的自然生成资本、人力资本以及相关延伸资本等进行集聚布局、结构重组和价值运营，以一定的投入取得最大的经济效益、社会效益和环境效益。

城市经营的主体是以城市政府为主，以企业、社团组织、市民的参与为辅。城市经营的对象是城市资产，即城市的有形资产和无形资产。城市的有形资产包括城市土地、城市建筑、基础设施、城市环境、文物古迹、旅游资源等；城市的无形资产包括城市历史、城市文化、城市形象、城市生态、城市知名度、建筑风格和城市风貌，以及依附于有形资产之上的使用权、经营权、冠名权、各种特许权等。城市经营的途径是，通过对城市资产的市场化运作，来获取经济收益，然后将部分收益投入到城市发展的重点领域，走"以城建城、以城养城、以城兴城"的城市自我增值、自我发展的市场化道路。城市经营的目标是，发展城市经济，完善城市功能，优化城市环境，提升城市品位，增强城市竞争力，实现城市的可持续发展。单纯地筹集资金，扩大城市财政收入，并不是城市经营的目标，只是一种认识上的误区[①]。

---

① 张敬淦. 城市经营研究（内部打印稿）。

　　城市经营必须具备三个条件：第一，市场经济的建立和完善。只有在完善的市场经济条件下，城市政府才能充分利用市场手段对城市资产进行运作，使其保值增值；第二，城市政府职能的彻底转变。城市政府只有从生产经营领域完全退出，才能更好地扮演其中间人的角色，才能实行公开、公正、公平、高效的城市管理；第三，制定城市总体规划，找准城市功能定位。只有在城市总体规划的框架下，才能实施城市经营模式，因为，城市经营是一种理念、一种思路、一种模式，它应该贯穿在城市规划、建设、管理全过程中。

　　近年来，城市经营的理念在我国较为盛行，这与城市经营的本质密切相关。

　　第一，城市经营是城市发展的内在动力和外部压力共同作用的结果。内在动力来源于城市经济的高速发展与滞后的城市基础设施供给和僵化的城市管理体制的矛盾；外部压力来源于经济全球化背景下生产要素的自由流动与城市吸引力不足、竞争力有限的矛盾。这在客观上要求我们对不利于城市在激烈竞争中获胜的落后管理模式进行变革，由政府主导型模式向市场主导型模式转变。

　　第二，城市经营是对城市公共物品产权的再认识。首先，城市经营打破了政府是公共物品唯一供给者的认识误区，承认了供给公共物品的所有权主体的多元化。其次，城市经营的概念把所有权与收益权结合起来，提出了"谁投资，谁受益"的原则，走出了公共物品不能提供收益的误区。最后，城市经营提出了将公共物品的管理权承包给私人主体，实现了政府所有权职能与管理权职能的分离，打破了公共物品的所有权必须与管理权相结合的误区，是公共物品管理理论上的一次革命。

　　第三，城市经营不仅仅是对城市管理制度的变革，它还蕴涵着产权制度的变革，城市公共物品由政府一家独有演变为所有者主体多元化。

　　第四，城市经营意味着城市政府职能的转变。在我国，城市政府的经济管理职能过多，社会服务职能偏少；职责模糊、职能错位；服务意识薄弱，服务效率低下。今后，应明确政府职能的作用范围，优化政府职能结构；增强企业和市民的自治功能，由政府包揽一切向政企、政社分开转变；增强服务意识，由管理型政府向服务型政府转变[①]。

---

　　① 李丽萍、彭实铖．试论城市经营的本质．城市发展研究．2003 年第 1 期。

2. 国际城市经营的三种模式

(1) 上海模式——以城市品牌吸引投资

上海在其发展历程中曾经走过一段弯路。新中国成立后，在变消费型城市为生产型城市的指导思想下，作为亚太地区最大的金融、贸易、经济中心城市，逐渐过渡为囊括钢铁、化工、纺织、食品等生产部门在内的生产型城市，城市第三产业相对衰落，城市财政收入不足，城市基础设施建设长期滞后。1978 年改革开放后，上海经济有了长足发展，特别是进入 20 世纪 90 年代以后，政府对上海城市的未来发展进行了重新定位，上海应建设成为我国最大的国际城市。在新的城市总体规划指导下，以浦东新区开发为标志，上海国际城市建设的序幕徐徐拉开。

上海在国际城市的发展上，主要利用其在国际上的知名度和城市品牌，面向国际市场，大胆引进外资，筹集城市建设资金。"九五"期间（1996—2000），上海基建资金达 2274 亿元，超过前 40 年总和的两倍，而 2001 年上海 GDP 为 4950 亿元，财政收入 1300 亿元，成为中国经济的龙头。上海市政府采取的具体做法有：采用特许权办法，到期后按协议将工程交还中国政府；与外企共同开发生地，中方以土地入股，"七通一平"后出让，按股份分成；中外合资建设住宅小区，用平价商品房偿还外商投资；向外商出让批租土地和已建成的基础设施专营权；中外合资共同改造浦西外滩金融街。

(2) 青岛模式——以名牌产品发展经济

青岛通过培育海尔、海信、澳柯玛、双星等一批享誉海内外的名牌企业和名牌产品，提升城市信誉度、产业影响力和城市的整体吸引力，带动城市各项建设事业的发展。国家公布的 57 个"中国名牌产品"中，山东共有 12 个，青岛市就占了 10 个，被誉为创造名牌企业和名牌产品最多的城市。世界 500 强企业纷纷登陆青岛，仅 2002 年上半年，全市新签约投资项目近 1000 个。通过创建名牌产品和名牌企业，青岛经济迅速发展，跻身中国城市地均 GDP 前十强，城市综合竞争力居第十四位。城市规划与建设也随之上了一个新台阶。

(3) 杭州模式——经营土地

杭州市政府在城市发展与经营中，通过经营土地，筹集城市建设资金，深化城市管理体制改革，促进城市社会、经济、环境可持续发展。政府推行土地管理制度改革，建立并实行"政府主导型"土地收购储备出让制度。一方面，政府通过组建了市土地储备中心，授权其行使土地统一收购权和统一批发，以土地公开招标拍卖的方式收取土地出让金，有效制止了国有资产的流失，促进了国有土地资本的保值增值；另一方面，政府建立起"一个渠道进水、一个池子蓄水、一个出口放水"的土地管理机制，以确保土地资源的长期供需平衡和城市的可持续发展。同时，政府还多方拓展民间资金渠道，并建立基建项目投资回报补偿机制，调动民间投资积极性，为城市建设筹集大量资金，极大地改善了城市面貌。

5.2 国际城市的形成路径

要明确国际城市的形成路径，首先必须分析国际城市形成和发展的影响因素体系，找出制约国际城市发展的主导因素。

5.2.1 国际城市形成与发展的影响因素

城市的产生和发展受到自然条件、自然资源、经济基础、社会资源等众多因素的影响和制约，国际城市也不例外（如图5-1所示）。国际城市是一种特殊类型的城市，它以在政治、经济、文化诸方面具有高集中度、强辐射力、规模巨大、管理职能突出等特点而著称。因此，国际城市产生和发展受到区位因素、经济因素、政治因素的影响更大，自然资源如能源和矿产资源的制约却相对较弱，人文因素，特别是政治环境、经济体制和科技人才因素，是国际城市形成和发展的关键。

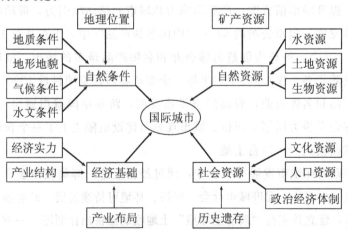

图5-1　国际城市形成与发展的影响因素

1. 国际城市形成的关键因素分析

（1）区位因素

地理位置因素又称区位因素，是国际城市形成的先决条件。如图 2-4 所示，全球核心区域一级国际城市共有 6 座，即欧洲的伦敦和巴黎，亚洲的东京，北美洲的纽约、芝加哥和洛杉矶；边缘区一级国际城市仅有两座，即亚洲的新加坡和南美的圣保罗。纵观世界一级国际城市的分布，我们不难发现以下两个规律：

其一，国际城市主要分布在北半球，总计 20 座，而南半球仅有 3 座（包括一级和二级国际城市在内）（如图 2-4 所示）。国际城市北多南少的分布格局与世界经济体系北重南轻的分布态势十分吻合，因为国际城市主要是从其国际经济控制功能角度来界定的。

其二，国际城市呈现出临河、临海布局的规律性。临河布局的一级国际城市有巴黎（位于塞纳河畔）和伦敦（位于泰晤士河下游河畔）；临海布局的一级国际城市有纽约（位于美国东北部海岸）、洛杉矶（位于美国西南部海岸）和东京（日本南部相模弯沿岸）；临湖布局的一级国际城市有美国的芝加哥（位于密歇根湖畔）。事实上，无论是临河、临湖布局，还是临海布局，大规模、廉价的水运条件是国际城市形成初期的决定性因素。有了便利的水运特别是海运条件，城市发展才可以将世界各国的资源为我所用，并以国际社会为舞台，发展经济，增强实力，扩大经济控制范围，逐渐演变成国际城市。

需要指出的是，国际城市濒临的河流一定是通航河流，通航能力极低甚至不通航的河流是一种例外。例如，中国的长江和珠江都是大规模的通航河流，在其下游沿岸各自形成一组城市群或城市带，其中的中心城市上海和广州便会崛起为国际城市。黄河虽然也是我国横贯东西的一条大河流，但因其通航能力极低，不具备商业通航价值，因而它不能带动河口三角洲的社会经济发展，也就不能形成相应的城市群、城市带和国际城市。

（2）经济因素

经济因素是国际城市形成的关键，因为国际城市是世界经济发展演变的必然结果。在经济全球化和区域经济一体化的大背景下，一方面，经济分布的广度达到空前水平，跨国公司可以在全球范围内组织产品研发、生产、销售和服务，由分布在世界各地的各个环节共同组成世界产业链；另一方面，全球经济分布的非均衡性日益加剧，不仅存在发达国家与发展中国家之间的差异，也存在着国际城市与非国际城市的分异，国际城市成为世界经济的增长、控制和管理中心。这主要表现在三个方面：

首先，国际城市的经济集中度很高。作为全球高等级的经济中心城市，国际城市的 GDP 总量在所在国家或地区甚至全球占有相当大的比重。一些著名的国际城市 GDP 占其所在国家的比重分别为：东京 18.6%，伦敦 17.0%，巴黎 16.9%，纽约 20.0%，首尔 26%。

其次，国际城市的吸引辐射范围和强度都很高。作为规模巨大、密度极高的社会经济聚集体，国际城市不仅经济影响力极强，吸引辐射范围很广，在全球经济体系中占据举足轻重的地位，而且对全球的资金、技术、人才和物资的流动具有极强的控制功能，影响范围跨越国界，波及洲际区域甚至全球，成为世界社会经济网络的中枢。

最后，国际城市职能呈现服务化趋势。在人类社会发展进程中，产业结构的演进呈现服务化的趋势，即由"一、二、三"模式和"二、三、一"模式演化为"三、二、一"模式。例如，美国、日本、英国等发达国家，第一产业的比重维持在 1%～3%；第二产业的比重保持在 20%～30%；第三产业比重增至 60%～80%。与国家产业结构相比，国际城市的产业结构的服务化趋势更加突出。例如，20 世纪 90 年代初，纽约、东京、我国香港的第三产业比重分别高达 88%、78% 和 76%，而近年来，我国香港的第三产业比重又升至 82%。

城市服务经济兴起的主要原因有以下三个：

第一，国际城市的生活性服务业呈扩张态势。国际城市的一个突出特点是人口规模巨大，如纽约、东京、洛杉矶三个大都市区的人口规模分别达到 1630 万、2680 万和 1240 万人。如此高密度、大规模的人口聚集，国际城市本身就构成一个庞大的消费市场。而且，大都市区居民平均收入水平高，消费能力强，生活服务需求的种类多、质量高，从而在一定程度上拓展了国际城市的生活消费市场，促使生活服务类第三产业迅速发展。

第二，国际城市的生产性服务业蓬勃兴起。由于生产过程的分化和异地化，产业链分化出融资、研发、生产、销售、管理、服务等不同的环节，致使真正的生产部门在不断缩小，在整条产业链中的地位日益下降；相对而言，生产性服务业不断扩大，地位趋于上升。作为产业链控制中心的跨国公司总部或研发中心，倾向于在国际城市聚集布局，这就要求国际城市的生产性服务业快速发展，不仅规模不断扩张，而且部门日益细化，新的生产性服务部门层出不穷，由金融、贸易、咨询、信息、广告、保险、法律、运输、通信、会计、科技研发等部门组成一个庞大的生产性服务体系。

第三，信息技术的广泛应用，促使服务业实现现代化。运输、通信、金融、销售服务呈现现代化趋势，服务业的发展呈现集约化和产业化趋势，生产的服务化伴随着服务的生产化，出现了制造业与服务业相互渗透的局面。服务贸易也呈现出快速发展的趋势，全球服务贸易总额 1960 年为 200 亿美元，1970 年增至 1000 亿美元，1980 年超过 500 亿美元，1990 年升至 8000 亿美元，1994 年突破 1.1 万亿美元，而 1994 年全球货物贸易总额为 4.1 万美元[①]。

（3）政治因素

政治因素也是国际城市形成的关键因素之一。图 2-4 上标出的 22 个国际城市中，除美洲外，其他地区的国际城市均是所在国家或地区的首都，如欧洲的伦敦、巴黎、马德里、维也纳，亚洲的东京、首尔、香港、台北、新加坡、曼谷和马尼拉，澳大利亚的悉尼。只有美国例外，其行政管理中心城市与经济中心城市并不重合，这与其遵循的自由市场经济及政府不干预或少干预经济的法则是密切相关的。

政治因素对国际城市的影响主要表现在以下两个方面：

其一，政治因素会影响生产要素的流动和聚集。自古以来，经济发展与政治制度之间存在着密切的联系，二者很难截然分开。由于政治力量在某个城市的聚集，从而增强该城市对全球要素的吸引力，经济得以快速发展，实力得以膨胀，吸引辐射范围也随之扩大，于是发展演变成国际城市。无论是曾经实行过或现在正在实行计划经济的国家，如中国和俄罗斯，还是经过历史演变而成的市场经济国家，如英国和法国，政治因素都是国际城市形成与发展的关键因素之一。

其二，政治因素会影响国际城市的控制力。由于国际机构在一个城市云集，国际活动频繁举办，使其具备了对全球事务或区域性国际事务的协调、管理和控制能力，使之逐渐演变为国际城市，如欧洲的布鲁塞尔。

2. 国际城市发展过程中主导因素的演变

随着人类社会的不断演进，自然条件和自然资源对国际城市形成的约束力有所减弱，经济基础和社会资源对国际城市发展的影响力不断增强。

（1）自然条件和自然资源的影响力有所下降

自然条件和自然资源的约束力减弱需要视具体因素而言。如前所述，自然

条件包括地理位置、地质条件、地形地貌、气候条件和水文条件，它影响国际城市的区位选择和发展建设。早期，国际城市一般都分布在中纬度的平原或丘陵盆地上，特别是在河流、湖泊阶地上，或海洋沿岸建港条件好的区位上，在那里，气候温暖湿润，地质和地形适于城市开发，供水充足，航运条件优越，工、农业经济发达。而今，随着交通通信技术的进步和运输体系的发展变化，航空运输日益发达，甚至在一定程度上取代了水路运输。同时，国际城市的产业结构也在演进，生产性部门在减少，服务性部门在增多。因此，有没有港口已经不构成国际城市建设的先决条件。当然，一个城市如果没有天然良港，还可以采用双子城模式，通过与其他城市联手建设国际城市，来弥补自身在自然条件上的不足。

自然资源包括土地资源、水资源和矿产资源。不言而喻，土地资源是国际城市建设的必备条件，这里不加讨论。水资源和矿产资源只是国际城市发展的一个前提性约束条件，但不是决定性因素。例如，美国加州气候温暖干旱，地表水资源匮乏，但也培育出了洛杉矶这样的国际城市，前提是从胡弗水坝蓄水形成的密得湖长距离向南加州的城市供水。可见，远距离输水工程可以破解水资源对国际城市发展的约束。矿产资源也是如此，它对国际城市的形成并不构成刚性制约，因为国际城市的生产性功能在弱化，服务性职能在增强。

（2）经济基础和社会资源的影响力日益增强

与自然条件和自然资源相比，经济基础和社会资源对国际城市形成的影响日趋增强。原因主要有以下三个：

首先，经济影响力是城市等级的划分指标，也是国际城市的重要判别标准。然而，城市经济影响力与其人口规模并不一定成正比。例如，墨西哥城人口规模十分庞大，1990 年中心城市人口达 880 万人，但经济落后，因而不可能发展为国际城市；而苏黎世城人口规模较小，仅为 70 万人，但却因其拥有发达的银行业而被世人称为国际城市。城市的经济影响也不是可以用 GDP 或制造业产值来衡量的，而是以金融、贸易、信息、咨询业为代表的高端服务业来表征的。因为谁控制了资本市场，谁就控制了世界。

其次，城市经济发展具有循环累积因果效应。如果一个城市的经济基础好，表现为经济实力强，产业结构先进，产业布局合理，市场发育成熟，劳动生产率高，那么它将对资本、技术、人才等要素具有强大的吸引力，对产品和服务的创新能力极强，因而其未来的经济发展速度会更快，质量会更高，效益会更好，经济实力会更强，经济发展会形成一个良性循环。反之，如果一个城市经济基础较差，表现为基础设施落后，资金供应缺口大，产业结构落后，产业布局不合理，市场发育不成熟，劳动生产率低下，那么，它对资本、技术、人才等要素的吸引力就很小，缺乏技术创新，因此，其经济发展会陷入恶性循环。要打破城市经济发展的恶性循环，难度虽然没有国家经济发展那么大，但也需要一个重大的外部力量，例如外资的输入。

最后，由于经济发展的生命周期很长，城市在世界等级体系中一般只能逐级攀升，很难在短期内实现大幅度超越。英国作为工业革命的发源地，孕育了伦敦这座国际城市。随着世界经济增长重心向欧洲其他国家转移，特别是后来出现的向美洲转移，并没有使伦敦的经济地位下滑，只是涌现了更多的国际城市，如巴黎、纽约、芝加哥、洛杉矶，伦敦作为全球金融控制中心的地位仍无人能取代。

5.2.2　国际城市的形成路径

国际城市的形成，可以通过以下五种路径（如图 5-2 所示）中的两种路径的组合来完成，如区位路径＋经济路径，环境路径＋经济路径，政治路径＋文化路径，也可以通过五种路径中的三种或四种路径的组合来完成，如区位路径＋政治路径＋经济路径，区位路径＋经济路径＋环境路径，等等。

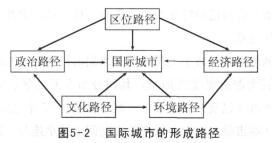

图5-2　国际城市的形成路径

1. 国际城市形成的区位路径

如前所述，国际城市只有根植于城市群、城市带的肥沃土壤中，才能苗壮成长。因此，国际城市的选择应首先考虑该城市所在区域是否是密集的城市群或城市带。

当前，世界上发展成熟的城市群、城市带主要有以下几个：

欧洲的城市群、城市带主要有四个：一是英国的伦敦—伯明翰—利物浦—曼彻斯特城市带，集中了英国 4 个主要大城市和 10 多个中小城市，是英国产业密集带和经济核心区；二是法国的巴黎—卢昂—勒阿弗尔城市群，是法国为了限制巴黎大都市区的扩展，改变原来向心聚集发展的城市空间结构，沿塞纳河下游在更大范围内规划布局工业和人口而形成的带状城市群；三是德国的莱因—鲁尔城市群，它是因工矿业发展而形成的多中心城市集聚区，在长116千米、宽67千米范围内聚集了波恩、科隆、杜塞尔多夫、埃森等20多个城市，其中50万～100万人的大城市有5个；四是荷兰的兰斯塔德城市群，它是一个多中心马蹄形环状城市群，包括阿姆斯特丹、鹿特丹和海牙3个大城市，乌德支列、哈勒姆、莱登3个中等城市，以及众多小城市，各城市之间的距离仅为10～20千米。

美国有三大城市带，即波士华城市带、五大湖城市带和南加州城市带。

波士华城市带分布于美国东北部大西洋沿岸平原，北起波士顿，南至华盛顿，以波士顿、纽约、费城、巴尔的摩、华盛顿等一系列大城市为中心，其间分布有萨默尔维尔、伍斯特、普罗维登斯、新贝德福德、哈特福特、纽黑文、帕特森、特伦顿、威明尔顿等城市，它们将上述特大中心城市连成一体，在沿岸700多千米长、100多千米宽的地带上形成了一个由5个大都市和40多个中小城市组成的巨型城市带，面积约13.8万平方千米，人口约4500万人，城市化水平达90%。波士华城市带的面积很小，仅占美国国土面积的1.5%，但却集中了美国人口的20%和制造业产值的30%，是美国的人口和经济核心地带，其中每个城市都有自己的特殊功能，都有占优势的产业部门，城市之间形成紧密的分工协作关系。

美国的五大湖城市带分布于美国中部五大湖沿岸地区，东起大西洋沿岸的纽约，向西沿着五大湖南岸至芝加哥，其间分布有匹兹堡、克利夫兰、托利多、底特律等大中城市以及众多小城市，城市总数达35个之多。

美国的波士华城市带和五大湖城市带在空间上几乎连为一体，它们集中了20多个人口在100万以上的大都市区和美国70%以上的制造业，构成一个巨型工业化区域（又称为美国东北部制造业带），是美国工业化和城市化水平最高、人口最稠密的地区。

美国的南加州城市带分布于美国西南部太平洋沿岸，以洛杉矶为中心，南起加利福尼亚的圣地亚哥，向北经洛杉矶、圣塔巴巴拉到旧金山海湾地区和萨克拉门托，是美国西海岸人口、产业和城市密集区域。

日本的太平洋沿岸城市带又称为东海道太平洋沿岸城市带，由东京、名古屋、大阪三大都市圈组成，拥有大、中、小城市310个，包括东京、横滨、川

崎、名古屋、大阪、神户、京都等大城市在内，囊括了日本全国 11 座人口在
100 万以上的大城市中的 10 座。日本东海岸城市带中的三大城市群，其国土
面积约 10 万平方千米，占全国总面积的 31.7%；承载人口近 7000 万人，占
全国总人口的 63.3%；聚集了日本工业企业和工业就业人口的 2/3、工业产值
的 3/4 和国民收入的 2/3①。

中国的长江三角洲城市群和珠江三角洲城市群是正在快速成长中的城市群，
其未来发展潜力巨大。特别是长江三角洲城市群，由于其区位条件优越，人口规
模巨大，城市数目众多，经济实力雄厚，即将成长为世界第六大城市带。

国际城市不仅位于城市群、城市带中，而且是该城市群、城市带的中心城
市，与其周围城市相比，它在人口规模、城市功能、经济实力等方面都十分突
出，具有绝对的垄断和控制地位，如波士华城市带中的纽约、五大湖城市带中
的芝加哥、南加州城市带中的洛杉矶、日本太平洋沿岸城市带中的东京和大
阪等。

除以上两点外，国际城市还必须拥有非常优越的交通区位，是航空网上的
重要枢纽，是水运网上的重要港口，是铁路、高速公路网的中心。因此，国际
城市选择时要考虑该城市是否具有临河、临海、临湖的优势。

2. 国际城市形成的经济路径

国际城市首先应该是国际经济控制、管理和协调中心，而要具备这一职
能，国际城市必须有庞大的经济实力作支撑，必须有先进的产业结构和成熟的
市场作依托。因此，国际城市的经济发展可以通过以下路径来实现。

首先，促进国际城市所在城市群、城市带制造业的发展，形成高密度、大
规模、高效率的世界著名制造业带，从而带动区域经济快速增长，逐渐发展成
为新的世界经济增长重心区域。当然，作为城市群、城市带的中心城市，对于
制造业的发展，特别是生产性环节，国际城市不必亲力亲为，而应集中力量发
展技术贸易、商品贸易、资本市场等，为制造业发展提供生产性服务，吸引跨
国公司特别是制造业跨国公司总部来此布局，发展成为制造业的研发中心、信
息中心、管理中心和销售中心，形成总部基地，这是国际城市发展制造业的最
佳选择。

其次，加快国际城市的产业结构调整和升级，促进城市职能的服务化。当

---

① 吴传清．概览世界城市群．西南大学网。

位于城市群、城市带的中心城市处于形成初期和中期时，可能要依靠第二产业的支撑，但当该中心城市处于发展后期时，其生产性产业会向周围城市扩散，其自身的产业结构也随之出现调整和升级，第二产业地位下降，第三产业地位上升。这既是中心城市发展规律使然，也是城市政府对其经济发展进行适当干预和引导的结果。只有在市场导向和政府导向的双重作用下，城市的产业结构调整和升级才能顺利完成，该城市由一般性中心城市逐渐演变为金融中心、贸易中心和高端服务业中心，成为各种人才、技术、资本的汇聚地，成为各种服务型跨国公司总部的聚集地，并构成发达的、多样化的市场网络，特别是形成包括货币市场、证券市场在内的各种金融产品市场，从而促使该城市演变为国际经济控制、管理、协调中心，即国际城市。

最后，在城市群、城市带范围内进行基础设施共建，形成统一的基础设施网。由于国际城市根植于城市群、城市带，仅就国际城市本身进行城市规划和基础设施建设，远远不能满足其发展的需要。要建设国际城市，必须使规划范围跨越城市的行政区界，扩展到整个城市群、城市带，从区域层面来进行城市基础设施的规划、建设、管理和运营，让城市群中的所有城市都参与其中，成本与风险共担，收益与前景共享，只有这样，才能为国际城市的发展奠定良好的硬环境，如交通环境、供水环境、排污环境、通信环境、供电环境、供热环境等。

3. 国际城市形成的政治路径

国际城市形成的政治路径主要体现在以下三个方面：

首先，国家或地区首都易形成国际城市。世界著名的国际城市中，有相当一部分具有双重身份：一是国际城市；二是所在国家或地区的首都，政治、经济、文化中心城市。例如，伦敦、巴黎、东京、首尔等国际城市都是所在国的首都，是该国的行政管理中心，也是该国最大的经济中心城市。因此，我们可以得出结论，作为国家的首都，该城市具有丰富的政治资源，这对城市经济发展有相当大的正面拉动作用，会促进该国际城市的形成和发展。

政治中心城市之所以对国际城市形成有如此重要的拉动作用，原因有下几个：其一，首都城市是所在国与世界联系的窗口，这里国际机构云集，国际交流活动频繁，如世博会、奥运会等，对城市营销和吸引外来资本、技术和人才十分有益；其二，首都是该国的行政管理中心，国家级管理机构云集，国内交流活动频繁，对吸引国内资本、技术和人才也十分有益；其三，政治与经济有着深刻而密切的联系，政治权力会影响经济资源的分配，特别是由计划经济向市场经济转型的国家，中央政府对区域经济干预的范围和强度仍很大，作为首都的城市都会在不同程度上受到政府的青睐；最后，作为首都，各种服务性产业发达，如出版业、新闻业、娱乐业、体育业、教育业等，致使各种人才特别是复合型人才在此聚集，各种创新思想发源于此，这对首都文化产业的发展和国际城市地位的提升都起到了重要的助推作用。

其次，组建政府或准政府型大都市区管理机构，对包括国际城市在内的整个城市群、城市带进行规划、建设和管理，协调各城市之间的职能分工，发挥城市群的聚集效应和规模效应，可以加快国际城市的形成。这部分内容在国际城市的形成机制一章的政府导向一节中有详细论述，在此不再赘述。

最后，首都是一个国家的政治中心，各种改革思想，如有关市场化的改革、先进的企业管理制度的改革、技术与创新体制的改革等，不断涌现，为经济发展创造了一个宽松的软环境，促进经济增长，从而加快国际城市发展。

4. 国际城市形成的文化路径

国际城市形成的文化路径主要表现在以下几个方面：

首先，通过创建科技研发中心促进国际城市的形成。正如第一章所论述的，科技创新是国际城市形成的内在动力，这主要表现在四个方面：一是技术创新在生产领域的应用会促进新产品、新工艺、新装备不断涌现，导致资源节约、成本降低、效率提高，企业利润大幅上升；二是技术创新会导致新产业的诞生和发展，引发经济增长模式的变革，促进产业结构的调整和升级，拉动国民经济增长和发展，增强发展中国家在全球劳动地域分工中的优势；三是技术创新会加快国际产业转移的步伐，缩短全球经济增长重心转移的周期，使世界政治经济分布格局由单中心向多极化演进；四是技术创新是城市增长与发展的动力源泉，是城市增强其吸引力和辐射力、强化其竞争力的重要途径，是国际城市形成的内在原因。

其次，通过发展教育产业促进国际城市的形成。虽然国际城市的形成因素众多，但人才是关键。而要拥有一支庞大的人才队伍，仅靠引入还不够，还需要自己培育。发展教育产业，对国际城市的意义十分重大，主要表现在四个方面：一是培育大量的科技、管理人才，弥补国际城市发展对人才的需求缺口；二是营造一个人才得以施展的环境，使既有的人才素质不断提高，才能得到充分的发挥，使新人才不断涌现和流入；三是发挥教育产业对城市经济的直接和间接拉动作用，形成教育—科研—出版—技术贸易产业链；四是扩展教育对城市的引导和示范效应，建立学习型城市，促进国际城市居民素质的提高。

最后，通过发展文化产业促进国际城市的形成。具体表现在以下四个方面：一是建设文化设施，构筑现代文化，保护和完善传统文化；二是丰富文化活动，塑造文化氛围，培育城市文化特色；三是发展文化产业，如娱乐业和演出业，满足城市居民的文化需求，陶冶居民性情，提高居民素质；四是发展国际文化产业，如国际会展业、国际演出业等，促进国际文化交流，提高国际城市的信誉度和知名度；五是发挥文化产业社会效益显著的特点，营造文化城市的整体形象，提升城市品位。

5. 国际城市形成的环境路径

如前所述，国际城市是世界经济控制、管理、协调中心，这是从职能上来界定的。如果从景观上来界定，国际城市往往是自然景观与人文景观协调、景观环境优美宜人、适于人类居住的城市。因此，要建设国际城市，不仅需要雄厚的经济实力，而且需要塑造良好的城市环境。

国际城市形成的环境路径主要表现在以下三个方面：

首先，建设经济、高效的设施环境。包括供水、供电、供暖、供气、排水、废物处理、交通、通信等硬件设施建设，不仅可以优化城市的投资环境和居住环境，加快城市的现代化，而且可以培育一个庞大的包括建筑、设计、规划、园林绿化、公用事业、建材生产、装饰装修、邮电、通信、交通运输、仓储、房地产等部门在内的基础设施和城市建设产业群，为城市经济发展提供支持和保证。

其次，塑造优美舒适的景观环境。山地景观、河岸景观、海岸景观、湖岸景观及城市各种绿化景观属于城市的自然景观，它是国际城市的魅力之所在。建筑景观、道路景观等属于城市的人文景观，是城市现代化的标志。而城市居民的素质和举止则构成国际城市的精神风貌。因此，国际城市的景观环境不仅包括自然景观、人文景观及二者的协调统一，而且取决于所承载居民的精神文明程度。只有高度文明的城市居民，才能培育出高水平的国际城市。洛杉矶国际城市的景观环境就是世界一流的。

最后，发展各种服务业，改善投资环境，提高国际城市的宜居度。国际城市的投资环境质量不仅取决于城市的经济积累和硬件设施环境，而且与城市的政治稳定度、政策优惠度、服务便捷度等软环境指标密切相关。而国际城市的宜居性更为重要，因为城市不仅是一个经济聚集体，而且是人类的聚落形式，它首先应该满足城市居民对就业、出行、居住、生活的需求。如果一个城市的宜居度很高，那么人口便向这里聚集，各种人才在此集中，便会创造出城市发展的奇迹，建设国际城市就不是梦想。如果一个城市的可居住度很低，不要说其他城市的居民不会迁移到这里定居，就连本地的居民也会抛弃它，迁移到其他城市去，那么，这个城市何谈发展国际城市。所以，国际城市不仅表现在经济高速增长和实力雄厚上，而且表现在人口快速膨胀和规模巨大上。要想建成国际城市，首先必须建成可居住的城市。

当然，国际城市的景观环境塑造还有助于旅游业的发展。而旅游市场的开放和旅游业的发展，不仅能给城市带来经济收入，间接拉动城市经济增长，而且会促进不同国家文化的交流，加大世界对该城市的认知度，吸引生产要素向这里聚集，促进城市经济的进一步繁荣。

根据图 5-2 所示，国际城市形成的各种路径不是独立存在的，而是相互交织、彼此促进的。由于区位路径会对城市作为国家首都的选址及城市经济的发展产生影响，优越的区位与丰富的政治资源和雄厚的经济实力共同对国际城市的形成产生正面拉动。文化路径不仅直接影响国际城市的形成，而且通过政治路径和环境路径，对国际城市的形成产生间接作用。而环境路径亦是如此，它在对国际城市产生经济拉动的同时，还通过经济路径对国际城市的形成产生间接影响。

第6章 中国国际城市发展的实践

与学者们对国际城市的理论研究相比，我国许多城市政府对建设、发展国际城市的实践活动的态度则显得更加积极和热烈。一方面，像英国、法国、德国、美国、日本这样的发达资本主义国家，其国际城市的发展都取得了令世人瞩目的成绩，拥有世界一流的国际城市，在国际城市的发展上，树立了成功的典范，积累了丰富的经验。另一方面，近 20 多年来，中国经济持续快速增长，在世界经济体系中的地位不断提升，国际城市建设实践正在全面展开，一些大区域性国际城市正处在快速形成和发展之中。虽然有国际城市发展的理论作指导，有发达国家的成功经验可资借鉴，但限于国情和市情，这些城市仍然面临着很多问题。本章旨在研究中国国际城市发展实践，指出国际城市发展的时代背景，剖析国际城市发展的现状和问题，提出我国国际城市发展思路与对策。

6.1 中国国际城市发展的时代背景

中国正处在一个城市化高速推进、城市群和城市带迅速崛起、国际城市呼之欲出的时代，这为中国国际城市发展提供了良好的时代背景和绝佳的历史机遇。

6.1.1 中国的城市化高速推进，城市体系已然形成

在传统的计划经济体制下，中国的城市化水平低，波动大，进程缓慢。截至 1978 年年底，中国城镇人口的比重仅为 17.9%，比 1960 年的 19.8%还要低 1.9 个百分点。究其原因，主要有两个：一是新中国成立后选择了优先发展重工业的工业化道路，重工业基本建设投资占全国基本建设总投资的比重高达 49%，重工业的超前发展抑制了轻工业及第三产业的发展，限制了城市就业职位的相应增长；二是对城市人口采用户籍制度进行管理，在城市与乡村之间划

下一道鸿沟，阻碍了农村劳动力向城市的正常迁移。

1978 年的改革开放，为中国经济注入活力，也使城市化进入一个快速推进的新时期，全国的城市化水平由 1978 年的17.9％提高到 1998 年的30.4％[①]。而按市镇人口占总人口比重计算，中国市镇人口比重于 2004 年已超过 40％。改革开放后中国城市化的快速发展，得益于以下几个原因：一是投资主体多元化促进城市产业结构调整和完善，轻工业及第三产业比重明显上升，同等投资额度下创造了更多的就业职位，增加了城市对农村人口的吸引力；二是户籍制度不断改革，城市人口管理渐渐放宽，为农村劳动力合理迁移到城市成为城市居民提供了制度环境；三是建置市设置标准逐渐放宽，城市基础设施建设规模不断扩大，使更多的实际存在的城市取得了城市的身份；四是农业科学技术的进步使农业劳动生产率得到极大提高，农产品和农业劳动力双双出现剩余，为城市发展提供了持续不断的原动力[②]。

按照国际经验，当一国的城市化水平达到 30％的临界值时，该国将进入加速城市化阶段。中国市镇人口比重 2004 年已超过 40％，这标志着中国已进入城市化高速推进期，预计 2020 年全国市镇人口比重即城市化水平将达到 60％左右。

在城市化快速推进的过程中，中国城市体系的演变表现出以下几个特点：

第一，城市个数不断增多。1978 年，全国城市总数为 330 个，1998 年增加到 668 个，由于行政区域调整的原因，2002 年，城市个数稍有下降，为 660 个。加之中国今后一个时期经济快速增长，城市管理体制改革不断深化，城市个数会有一个较大的上升。

第二，城市规模日益增大。1980 年，全国百万人口的大城市仅有 15 个，1990 年增加到 31 个，2002 年，按市辖区非农业人口计，百万人口的大城市增加到 45 个[③]（其中人口逾 200 万的城市 15 个，人口逾 400 万的城市 6 个），按市辖区总人口计，百万人口的大城市达到 101 个（其中人口逾 400 万的城市9 个）。

第三，城市职能趋向分化和叠加。一方面，在产业专门化发展的推动下，涌现了众多职能各异的专门化城市，如旅游城市、矿业城市、大学城、商业城市等；另一方面，出现了一批多种职能复合的高等级中心城市，如武汉、南京、沈阳、西安等；甚至还出现了几个潜在的大区域性国际城市，如上海、北京、大连等。

第四，城市的地域结构呈现多样化，除传统的单多中心城市、多中心城

① 叶裕民．中国城市化之路．北京：商务印书馆．2001 年。

② 顾朝林等．中国城市地理．北京：商务印书馆。

③ 根据中国城市统计年鉴 2003，按市辖区非农业人口计算。

市、复合城市外，还出现了新型的块状城市聚集区、条状城市聚集区、城市群和城市带（如图 6-1 所示）。

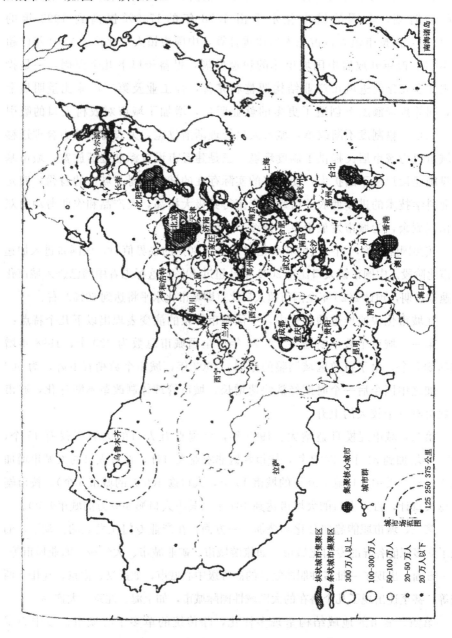

图 6-1　中国城市体系的地域结构分布图①

————————————

① 顾朝林等．中国城市地理．北京：商务印书馆。

迄今为止，一个规模结构较合理、职能分工较明确、空间布局较适宜的城市体系已出现在中国大地上。

6.1.2　中国沿海三大城市群、城市带迅速崛起

经过改革开放后二十多年的发展，我国的长江三角洲城市群（以下简称长三角城市群）、珠江三角洲城市群（以下简称珠三角城市群）和环渤海地区城市群（以下简称环渤海城市群）正在迅速崛起。

1. 长三角城市群

长三角城市群是指以上海为中心，以沪、宁、杭为主体，包括扬州、泰州、南通、镇江、常州、无锡、苏州、嘉兴、湖州、绍兴、宁波、舟山在内的区域城市体系。长三角城市群具有以下几个特点：

第一，覆盖面积广阔，人口规模巨大。长三角城市群覆盖了 9.95 万平方千米区域，其区域面积约占全国面积的 1% 强；全区共拥有人口 7806 万，约占全国总人口的 5.8%。

第二，城市个数众多，分布密集。本区共拥有 53 个城市，1000 多个建制镇，平均每 900 平方千米有 1 个城市，每 100 平方千米有 2 个建制镇。这 53 个城市中，有超大城市 2 个，特大城市 1 个，大城市 4 个，中等城市 14 个，小城市 33 个[①]。

第三，城镇体系发达，城市首位度较高。长三角城镇体系按规模可以分为 5 个层次（见表 6-1）：第一层次是国际港口和全国经济中心上海市，是该城市体系的核心；第二层次包括南京和杭州两个省会城市，分别是江苏和浙江的政治、经济、文化中心；第三层次包括苏州、无锡、常州、南通、宁波、扬州、镇江等大中城市；第四层次是湖州、嘉兴等中小城市；第五层次是众多的县级市和卫星城[②]。按市辖区总人口计算，该城镇体系的首位度为 2.6，比珠三角和环渤海城市群的城市首位度要高。

第四，城市多沿铁路、高速公路和水陆交通线发展，形成沪宁、沪杭、杭甬三个城市带。沪宁城市带起自上海，包括苏州、无锡、常州、镇江、扬州、

---

① 王何等．我国三大都市圈域中心城市功能效应比较．城市规划汇刊．2003 年第 2 期。
② 顾朝林．中国城市地理．北京：商务印书馆．1999。

南京等城市；沪杭城市带也起自上海，包括嘉兴、湖州、杭州等城市；杭甬城市带起自杭州，包括绍兴、宁波、舟山等城市。

表 6-1　长三角城市群的城市规模等级（2002）①

城市等级层次	全市总人口（万人）	市辖区总人口（万人）	全市非农业人口（万人）	市辖区非农业人口（万人）
第一层次				
上　海	1334.23	1270.22	1018.81	1003.08
第二层次				
南　京	563.28	480.35	339.35	323.14
杭　州	636.81	387.01	252.02	205.98
第三层次				
苏　州	583.86	212.40	274.28	121.60
无　锡	438.58	215.92	191.07	131.87
常　州	343.24	214.63	157.82	108.58
镇　江	267.13	100.04	104.96	59.73
扬　州	452.22	110.76	130.48	54.82
南　通	780.26	81.23	262.81	56.47
宁　波	546.19	203.41	162.43	86.43
第四层次				
湖　州	257.05	107.68	72.21	35.15
嘉　兴	332.38	79.45	85.10	31.28
绍　兴	433.59	61.15	90.91	34.73

第五，经济实力雄厚。2000 年，长三角城市群 GDP 为 19170.22 亿元（此处为大长三角数字，即上海市、浙江省和江苏省 GDP 之和），占全国的 21.44%；2000 年，对外贸易额为 1281.8 美元，占全国的 27%；吸引外商直接投资 112 亿美元，占全国的 27.5%。

第六，自然、社会、经济条件很好。它地处沿江开发带与沿海开发带的交汇处，从海上可以连接南北、通向世界，沿江又可以上溯内陆，直达重庆，腹地宽广，区位优越；气候适宜，风景秀丽，资源丰富；人口众多，经济发达，

---

① 资料来源：中国城市统计年鉴（2003）。

市场潜力巨大；城市基础设施遥遥领先于全国平均水平，投资环境优越，对外资吸引力很强。这里作为我国重要的科技、文化、教育中心，集中了众多高校和科研院所，科研力量雄厚。

2. 珠三角城市群

珠三角城市群是指以广州为中心，包括深圳、珠海、东莞、中山、佛山、江门、惠州等 14 个城市在内的区域城市体系（如图6-2所示）。珠三角城市群具有以下几个特点：

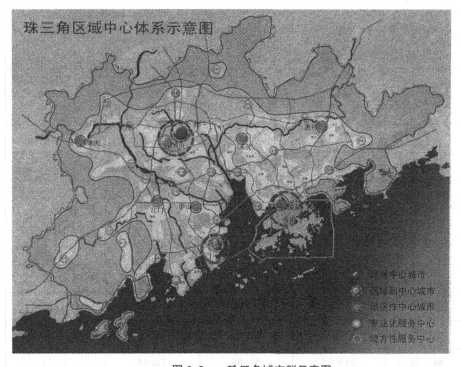

图 6-2　　珠三角城市群示意图

第一，体量小。珠三角城市群是中国三大城市群中体量最小的一个，区域面积约 1.1 万平方千米，占全国的 0.1%（大珠三角面积为 4.16 万平方千米）；2000 年，珠三角总人口约为 4000 万（其中定居人口 2336 万人，流动人口近 1700 万），占全国总人口的 3.3%。

第二，城市规模层级较少，形成多中心态势。珠三角城市群的城市规模等级可以分为三个层次（见表 6-2）：第一层次是国际港口城市和全国性中心城市广州，它是该城市体系的核心，其市辖区非农业人口规模达到 502 万人；第二层次是大区域中心城市深圳、汕头、佛山，其市辖区非农业人口在100万以上；第三层次是区域性中心城市珠海、江门、湛江、东莞、韶关、中山、潮州、阳江、惠州和肇庆，其市辖区非农业人口规模在30万～60万人之间，城市规模较均匀。按市辖区人口计算，珠三角城市群的城市首位度为1.72。

表 6-2 珠三角城市群的城市规模等级（2002）[①]

城市等级 层次	全市总人口 （万人）	市辖区总人口 （万人）	全市非农业 人口（万人）	市辖区非农业 人口（万人）
第一层次				
广 州	720.62	583.89	502.30	465.31
第二层次				
深 圳	139.45	139.45	112.04	112.04
汕 头	479.50	120.12	232.34	120.12
佛 山	338.98	338.98	174.53	174.53
第三层次				
珠 海	78.61	78.61	55.84	55.84
江 门	381.27	131.53	144.59	60.00
湛 江	707.17	143.14	183.53	71.97
东 莞	156.19	156.19	56.27	56.27
韶 关	313.74	53.07	111.53	46.33
中 山	136.03	136.03	43.56	43.56
潮 州	247.92	34.36	70.49	31.12
阳 江	258.28	55.22	70.74	31.43
惠 州	283.02	40.03	109.02	35.45
肇 庆	390.76	47.31	97.19	35.25

第三，城市分布高度集中，在珠江口两岸形成两个城市密集带。在珠江口东岸沿广深高速形成广州、东莞、惠州、深圳、香港城市带；在珠江口西岸形

---

① 资料来源：中国城市统计年鉴（2003）。

成广州、佛山、江门、中山、珠海、中国澳门城市带。

第四，流动人口规模大。2000 年，珠三角城市群总人口约为 4000 万，其中定居人口仅 2336 万人，占 58%；流动人口近 1700 万，占 42%。东莞是珠三角城市群中的一个典型城市，其户籍人口 150 多万，常住人口 640 多万，港澳台同胞 70 多万人，海外侨胞 20 多万人，足见其人口构成中流动人口比重之高。

第五，经济密度高，实力强。2000 年，珠三角城市群 GDP 总计为 8363.9 亿元，占广东省 GDP 的 78.6%，占全国 GDP 的 8.7%，平均每平方千米创造 GDP7603 万元；出口贸易额达到 847.4 亿美元，占全国的 34.1%；实际利用外商直接投资 125.4 亿美元，占全国 28.6%。

第六，区位优势和政策优势突出。一方面，珠三角城市群拥有毗邻港、澳的地缘优势，可以近距离承接香港的外移产业；另一方面，珠三角城市群拥有改革开放的体制优势。珠三角地区是我国最早对外开放的地区，拥有深圳、珠海、汕头三个经济特区及湛江和广州两座对外开放城市。由于体制开放，市场成熟，政策优越，与国际接轨较好，珠三角城市群在对外贸易和利用外资方面经验丰富。独特的地缘优势和体制优势引发珠三角地区的经济发展，使其飞速成长为我国三大现代制造业基地之一。

3. 环渤海城市群

环渤海城市群是指包括京津唐城市密集区、辽中南城市密集区和山东半岛城市密集区在内的大区域城市体系。环渤海城市群具有几个特点：

第一，区域面积广阔，人口规模巨大。环渤海城市群区域面积达到 15.7 万平方千米，约占全国总面积的 1.6%，是我国三大城市群中区域面积最大的一个。区域人口规模达 6600 多万人，占全国总人口的 5.4%。

第二，城市群结构松散，发育程度较低。环渤海城市群主要由三个子城市群组成，即辽中南城市群、京津唐城市群和山东半岛城市群组成。这三个子城市群中，又以京津唐城市群发育最为成熟，它以北京、天津两市为核心，以唐山、保定为两翼，包括廊坊、秦皇岛、张家口、沧州等城市在内，共拥有直辖市 2 个，地级市 2 个，县级市 5 个。与长三角城市群和珠三角城市群相比，环渤海城市群发育程度较低，从严格意义上讲，它还处在形成过程之中。

第三，区位条件优越，发展潜力较大。与长三角、珠三角城市群相似，环渤海城市群特别是京津唐城市群，也拥有临海的区位优势、便利的交通条件和发达的通信网络，这些都为该城市群的发展和现代制造业基地的建设奠定了基础，可以预测，它将是中国最具发展前景的一个城市群。

第四，新老工业基地并存，经济基础深厚。环渤海城市群拥有辽中南重工业基地，京津现代制造业基地和山东半岛城市群新兴制造基地，经济基础深厚，经济发达程度和分布密度较低，但未来的发展潜力很大。

第五，京津地区智力与人才密集，拥有全国经济政治、文化中心城市北京和国家级经济中心城市天津。京津地区，智力与人才资源密集度全国第一，世界罕见。仅以北京地区为例，这里拥有北大、清华等高等学府59所、各类研究机构213家，高等院校、科研院所和国家重点实验室约占全国的38%，两院院士占全国的37%。；北京作为国家的政治、文化中心，是众多跨国公司总部所在地，吸引了全国乃至世界的优秀人才。研发实力雄厚，2000年北京从事科技活动的人员达84576人，几乎占全国的1/5，科学家和工程师共有59779人，占全国的1/5还要多，课题数达13353项，几乎占全国的1/4，各项指标都远远高于其他省市。雄厚的研发实力构成京津地区现代制造业基地发展的内在驱动力。

中国上述三大城市群的崛起及其制造业基地的形成，为中国国际城市的发展提供了最佳外部环境。

6.1.3 中国将发展成为世界现代制造业基地

1. 国际产业转移首选中国

中国在长期引进外资居全球第二位之后，目前已超过美国，连续两年成为全球吸引外资最多的国家。意向外迁的日本企业中，有71%把中国作为主要目的国。许多跨国公司纷纷将海外公司总部迁入中国。这些都表明，中国正成为国际产业转移的首选地。

国际产业转移把中国作为目的国，原因有以下几个：

首先，中国人口众多，潜在市场广阔。中国人口规模巨大，占世界人口1/5强，对工业品的国内市场需求极大；随着经济水平的提高，国内市场还会进一步拓展。正是广阔的国内市场，推动了规模经济的形成及国内区域间和企业间竞争的加剧，加快了技术进步和现代制造业的发展。

其次，中国拥有丰富、廉价的劳动力。据测算，中国劳动力周平均工资仅为 30 美元（见表 6-3），是亚洲各国中最低的。而且，在工业制造品成本中，工资成本仅占 10%。极低的工资成本使中国现代制造业赋有强劲的竞争力。

第三，中国社会、政治稳定，经济处于高速增长期。中国政局稳定，社会安定，国际资本在中国投资的安全性高；中国经济处于高速发展时期，国际资本投资中国能够分享中国经济高速增长带来的利益，实现投资回报最大化；改革开放和加入 WTO，使中国加入世界经济分工的体制障碍渐渐消除，中国与世界逐渐接轨。

表 6-3　1998 年亚洲部分国家和地区制造业周平均工资对比[①]

	中国	印尼	菲律宾	泰国	马来西亚	韩国	中国台湾	中国香港
周工资（美元）	30	31.7	47.4	58.3	77.9	243	328.9	436.6
比值	1	1.07	1.58	1.94	2.6	8.12	10.96	14.6

第四，中国工业基础好，配套能力强。特别是外资大规模进入，带来了先进技术、设备和产品以及经营管理模式，为现代制造业的发展奠定了基础。基础设施瓶颈基本得以消除，能源、交通运输、邮电通信、建筑施工、设备安装等部门迅速发展，为现代制造业基地建设提供了物质保障。

第五，中国拥有特定的区位优势。根据邓宁的综合优势理论，对外投资或者接受外资要具有所有权优势（ownership）、区位特定优势（location）、内部化特定优势（internalization）。区位因素又包括市场因素、贸易壁垒因素、成本因素、投资气候因素、总体条件因素五类。与其他国家相比，中国的区位优势非常突出，如果全球按照经度圈进行三等分，欧洲、北美和中国恰好处于三等分线上，这一独特的区位具有突出的优势。

2. 中国有承接国际产业转移的迫切愿望和要求

理论上讲，人类社会对物质产品的需求，决定了生产物质产品的农业和制造业将是永恒的产业门类。因此，虽然人类已进入知识经济时代，第三产业有了飞速发展，但制造业的规模和水平仍然是一个国家综合实力和现代化程度的重要标志。

---

① 资料来源：吕政主编．中国能成为世界工厂吗．北京：经济管理出版社．2003 年。

从世界各国的发展历程来看，制造业的发展是经济发展所必经的一个阶段。美国、日本、韩国等国在实现经济飞速发展的时期，都伴随着制造业的高速发展。同样，中国经济的发展，也离不开制造业的强大推动和支撑。因此，中国有承接国际产业转移的迫切愿望和要求。这集中表现在以下三个方面：

首先，承接国际产业转移是实现中国经济跨越式发展的需要。钱纳里提出的两缺口模型，指出了外资的外部经济效应[①]，与储蓄的作用不同，外资能够推动一个国家的经济增长。在 21 世纪，要实现中国经济三步走的战略目标，达到中等发达国家水平，仅仅依靠国内资本是不够的，必须大力引进国际产业资本。通过产业资本的引进，提升中国的产业水平和管理水平，实现经济的跨越式发展。

其次，承接国际产业转移有助于中国产业的成长和结构转换。中国的一个突出弱点就是技术落后，技术创新不足，从而造成产业成长和结构转换缓慢。通过承接国际产业转移，可以引进我国急需的生产技术，学习国外的先进经营模式，提高制造业的管理水平，提升工人的整体素质，这是有利的一面；不利的一面是，引进国际产业会对我国的产业产生一定的冲击。为了应对冲击，国内产业就会自我加压，提出应对措施，比如降低成本，加快技术创新等，其结果是从另一个侧面刺激了中国产业的成长和结构的转换。

最后，承接国际产业转移有助于缓解国内的就业压力，改善就业结构。中国是一个人口大国，就业是中国面临的第一大难题。而承接国际产业转移，能够创造新的就业岗位，缓解国内目前的就业压力。据统计，中国就业职位严重短缺，全国约有 1 亿人处于失业或半失业状态。承接国际产业转移，发展现代制造业，可以在一定程度上缓解就业压力。

3. 中国现代制造业在世界分工体系中地位呈现上升趋势

中国拥有独特的优势。广阔的消费市场，较低的劳动力成本，充沛的创业活力，较强的柔性生产能力，比较完善的工业配套设施，跨国公司及以华人为主体的广泛国际关系网络，以改革开放为核心的政府支持，构成中国发展现代制造业的七大优势。

中国制造业发展迅速，在世界上占有重要地位。2000 年，中国制造业增

---

① 所谓外部经济效应不是指参与产业投资的当事人在投资的过程中所得到的利益，而是指除当事人之外的其他投资人甚至国家和社会从投资中所获得的收益。

加值突破 3 万亿人民币，在国内生产总值中的比重超过 34.4%，在世界制造业总额中的比重超过了 5%，列居美国、日本和德国之后，位居世界第四；制造产品出口 2200 亿美元，占出口总额的 90% 以上。2001 年，制造产品出口达 2358 亿美元，比 2000 年增长了 7.2%，占全国出口总额的 88.6%，占世界制造业出品额的 5.3%，继续保持世界第四的位置（见表6-4）。

表 6-4　2001 年中国制造业的国际比较[①]　　（单位：亿美元,%）

国　　家	GDP	出口商品	制成品出口	占本地比重	占世界比重
世　　界	313000	61550	44769	74.8	100.0
欧　　盟	6000	8741	7604	82.2	17.0
美　　国	102000	7308	6024	82.4	13.5
日　　本	42000	4035	3737	92.6	8.3
中　　国	12000	2662	2358	88.6	5.3
加拿大	6772	2599	1611	62.0	3.6
韩　　国	4222	1504	1355	90.0	3.0
俄罗斯	3100	1031	252	24.4	0.6

　　国际产业向中国的转移，将促进中国现代制造业基地的形成，加快世界经济增长重心向中国的转移，从而推动中国国际城市的形成与发展。

　　4. 中国三大现代制造业基地正在形成

　　如前所述，长三角城市群、珠三角城市群和环渤海城市群是我国三大城市群或城市带，也是我国三个最大的现代制造业基地[②]。

　　(1) 长三角现代制造业基地

　　长三角城市群是我国发展水平最高的现代制造业基地，它具有以下几个特点：一是产业外向度不断提高。1991—2001 年，长三角的外商直接投资由 5 亿美元增长至 137.2 亿美元，占全国的比重也由 11.4% 提高到 29.3%；二是产业以资本密集型的现代制造业为主，包括半导体、通信等高技术产业和汽车、钢铁、化学、纤维等制造业；三是产业分布高度集中，中心城市突出。上海作为一级中心，其工业产值占全区的 42%；南京作为二级中心，其工业产

---

① 资料来源：慕海平．中国制造业发展前景．宏观经济研究．2003 年第 2 期。
② 陈秀山．中国区域经济问题研究．北京：商务印书馆．2005。

值占 30%；无锡占 11%，苏州占 7%；上述四城市合计占 90%，其余城市仅占 10%；四是区域分工格局已初步形成。上海定位在以大尺寸、高工艺芯片制造为主的高端产品制造与研发；苏南电子产业带具有综合制造能力；杭州湾微电子产业带则在中、低端芯片和元器件制造方面占有优势。

（2）珠三角现代制造业基地

珠三角城市群现代制造业基地具有以下几个特点：一是产业外向度高，"三资"和"三来一补"企业占较大比重。2000 年，珠三角国有企业（完全控股企业）仅占 7%，集体企业占 10%，"三资"企业比重最高，尤其以港澳台投资企业最多；二是以劳动密集型零部件生产与组装等出口产业为主，如电脑、手机、复印机、家电等产业；三是专业化程度高，城市间分工协作关系良好，产业特色突出，如顺德的家电制造、东莞的 IT 产业、惠州的音像制品等；四是制造业布局相对均衡，在珠三角的工业总产值中，广州占 27%，深圳占 24%，佛山占 14%，东莞、惠州、江门分别占 7%。

珠三角城市群的现代制造业主要沿珠江口两侧分布，东侧是以广深高速公路为轴心的产业带，分布有深圳、东莞、惠州等城市，西侧是以广珠高速为轴心的产业带，分布有佛山、南海、顺德、中山、珠海等城市。广州以机械装备工业为专门化方向，通过与世界一流跨国公司合作，构筑以钢铁、造船、石化、集成电路、光电子、汽车为主的现代制造业体系。

（3）环渤海现代制造业基地

环渤海现代制造业基地有两个非常突出的特点：一是制造业分布相对分散，全区在空间上分离为三个独立的子区域——京津唐区、山东半岛区、辽东半岛区；二是仅京津子区域城市间分工明确，北京以研发为主，天津以制造见长，辽东半岛和山东半岛内部城市之间的分工协作关系尚不明确，甚至出现结构趋同、恶性竞争的局面。

北京的现代制造业包括北京汽车、北方微电子、光机电一体化、生物工程和新医药四大基地。截至 2000 年年底，中关村科技园区企业数达 6186 家，全年实现增加值 326 亿元，实现技工贸总收入 1679 亿元，利润总额 109 亿元。园区形成了以产品生产为主、以技术服务和商品贸易为辅的发展格局，在技工贸总收入中，自产产品收入占 63.7%，商品销售收入占 20.7%，技术收入占 11.9%。中关村科技园中，以海淀园规模最大，其占技工贸总收入的 69.4%，电子科技城次之，占 20.3%，丰台园、昌平园和亦庄科技园分别占 5.2%、2.3% 和 2.7%。在产业结构上，中关村科技园以电子信息为主，其占技工贸

总收入 71%，光机电一体化、新医药及生命科学、新材料新能源等分别仅占
6.7%、3.6%和 3.4%。

　　天津的现代制造业主要集中在滨海新区和京津塘高速公路走廊两个条件比
较好的地区，依托港口和天津保税区发展。天津经济技术开发区（TEDA）是
天津现代制造业的重要载体，2002 年实现 GDP380.09 亿元、第二产业增加值
299.89 亿元，在全国开发区中继续名列前茅。其电子通信、机械制造、医药
化工、食品饮料等四大行业共完成产值 942.85 亿元，其中电子通信行业产值
707.82 亿元，占 75%，优势十分突出。

　　上述三大现代制造业基地为中国发展成为世界现代制造业基地奠定了
基础。

6.2　中国国际城市发展的现状与问题

　　改革开放二十多年来，中国经济发展取得了辉煌的成就。加入 WTO 之
后，我们所面临的形势发生了两个方面的变化：一方面，中国经济与世界经济
的融合度不断提高，中国正全面、深入地参与到世界劳动地域分工之中，也就
是说，中国正在走向世界；另一方面，世界上著名的跨国公司都把占领中国市
场、在中国设立制造基地、研发中心甚至区域性总部为发展目标，大量的国际
资本、国际产业及最新的生产技术和管理经验通过跨国公司这个载体正迅速涌
入中国，也就是说，世界正在接纳中国。在这样一个特定的历史背景下，中国
城市的发展，特别是大规模、高等级中心城市的发展，就不能仅仅以中国经济
为背景，而应以世界经济为舞台，城市的外向度大大提高，国际城市建设和发
展问题被提上各级政府的议事日程。

6.2.1　中国国际城市发展现状

　　1988 年 10 月，大连市委提出"把大连建设成开放度高、吸引力强的贸易
金融中心和现代化国际城市。"这是我国最早提出创建现代化国际性城市的表
述。1990 年 5 月，党中央、国务院做出开发建设上海浦东新区的决定，江泽
民总书记为上海做如下题词："把上海建成外向型、多功能、现代化的国际城
市。"足见，国际城市建设问题引起中央高层领导的强烈关注。

在 20 世纪 90 年代，我国有许多中心城市在制定"九五"规划及 2000 年发展规划纲要时，都曾提出了建设国际化城市及国际化大都市的设想，表达了敞开家门，吸收国际资本与先进技术的辐射，积极参与国际分工的强烈意愿。据建设部统计，约有 40 多个大中城市提出了建设国际化大都市的目标，其中包括上海、广州、北京、大连等城市。

进入 21 世纪后，更多的城市加入到国际城市建设的队伍中来。据统计，约有 180 多个城市提出建设国际城市的设想，并将这一设想写入城市发展的"十一五"规划和城市总体规划新版本（2020）中，更有一些高等级中心城市提出要建设国际化大都市的发展目标。一时间，国际城市的建设和发展成为我国理论研究和城市管理部门的一个热点问题。

近年来，中国国际城市的发展表现出以下几个特点：

首先，提出国际城市发展目标的城市多为高等级综合性中心城市。国际城市是从职能特征上来界定的一种特殊类型的城市，它多是高等级综合性中心城市。只有规模等级较高、中心地职能突出、发展成熟的中心城市，才具备发展成为国际城市的条件和潜力。2001 年在大连召开的"中国城市经济前沿课题研讨会"上，专家们就曾指出：我国未来中心城市发展应该分三个层次：国际大都市；跨省区的中心城市；省域中心城市。中国急需建设一批国际大都市，以抢占战略制高点，为中国参与国际分工与竞争打下坚实基础。上海、北京等城市最有条件成为首批建设的国际大都市。

其次，我国的国际城市集中分布在东部沿海地区，特别是长三角、珠三角和环渤海三个城市群、城市带。表 6-5 中所列的是我国城市综合竞争力排行榜上名列前茅的 18 个城市，它们也是最具发展潜力的国际城市。这 18 个城市中，仅有 3 个城市分布在中西部地区，其余 15 个城市均分布在东部沿海地区，其中有 6 个城市分布在长三角城市群，3 个城市（包括香港）分布在珠三角城市群，5 个城市分布在环渤海城市群。

最后，我国的国际城市发展都不够成熟，从严格意义上讲，都是潜在的或正在形成和发展过程中的国际城市。如前所述，国际城市有其特定的判别标准，如弗里德曼提出的国际城市的七大判别标准。当然，中国是一个发展中国家，城市化刚刚进入快速发展期，国际城市的建设也刚刚起步。无论从城市的产业结构来看，或是从最代表经济竞争力的金融保险业的规模来看，或是从城市综合实力来看，我国的一些国际城市，充其量只是国际城市中等级最低的国际性城市，更多的是在向国际化方向迈进的城市，几乎不存在可以与纽约、伦敦、东京相提并论的世界城市。由此，我们可以得出结论，中国国际城市的发展，任重而道远。

表 6-5 我国城市竞争力排行榜上名列前茅的 18 个城市 [1]

城市名称	城市综合竞争力	城市排序	综合地均GDP	城市排序	综合人均收入水平	城市排序
香 港	827.50	1	1.00	1	1.00	1
上 海	368.39	2	0.11	4	0.34	4
深 圳	203.03	3	0.13	3	0.34	3
北 京	165.17	4	0.05	22	0.27	6
广 州	141.55	6	0.07	11	0.28	5
苏 州	66.99	8	0.08	8	0.13	16
天 津	66.84	9	0.03	59	0.16	9
宁 波	60.73	10	0.08	7	0.14	14
杭 州	60.18	11	0.06	19	0.16	11
南 京	53.45	12	0.05	23	0.12	22
无 锡	52.31	13	0.07	14	0.11	26
青 岛	51.43	14	0.06	9	0.10	30
济 南	49.83	15	0.04	43	0.13	17
武 汉	49.20	16	0.02	113	0.12	19
重 庆	46.58	18	0.03	65	0.12	20
厦 门	46.57	19	0.05	21	0.13	15
大 连	44.71	21	0.05	25	0.08	40
成 都	44.36	22	0.07	12	0.10	31

6.2.2 中国国际城市发展中存在的问题

1. 不顾城市现状，过高设定城市发展目标

如前所述，在世界经济一体化和中国经济快速发展的过程中，我们需要建设一批国际城市，作为中国与国际经济联系的桥梁和纽带，以确保中国在参与国际劳动分工与竞争中占据优势地位。但是，这并不意味着绝大多数城市都要把城市发展目标定位在国际城市上。

---

[1] 倪鹏飞主编. 城市竞争力蓝皮书：中国城市竞争力报告. 北京：社会科学文献出版社. 2003 年 3 月。

而现实情况则是，许多城市完全不顾自身的发展现状，在城市职能定位上好高骛远，过高设定城市发展目标，人云亦云地提出发展国际城市甚至国际化大都市的构想，使我国国际城市建设一时间吵得沸沸扬扬。20世纪90年代中期，有40多个城市提出建设国际化大都市。如今，要建设"国际化大都市"的城市竟高达182座，占全国城市总数的27%。于是，学者们疾呼，慎言建设国际大都市。为什么？因为对于这些城市而言，由于所设定目标距离城市的现实太远，相当长一段时期内都难以实现，甚至最终化会为泡影。其结果是，国际城市建设这样一个严肃而又重大的问题，被演绎成一场既轰轰烈烈又收效甚微的运动，甚至使人们对国际城市建设产生反感，从而给我国国际城市发展实践带来负面影响。

中国要建设182个国际城，是多了？还是少了？事实胜于雄辩。2002年，我国拥有设市城市660个，按市辖区非农业人口计，人口逾百万的特大城市有45个，人口逾200万的超大城市有15个，人口逾400万的巨型城市仅有6个。如果说百万人口规模是国际城市建设的门槛规模的话，那么，我国也只有45个城市可以跨越这个门槛。由于个别城市的人口规模与城市经济并不成正比，需要剔除；由于这45个百万人口城市中，存在一些专门化的生产型或非生产型城市，如矿业城市、制造业城市、旅游城市等，它们不具备发展成为综合性国际城市的潜力，也需要剔除。那么，能够将发展目标定位在综合性国际城市的城市个数会大大减少。乐观地估计，我国真正具备发展潜力的国际城市不过十几个，而能够发展成为区域性国际大都市的城市则不过几个。

2. 竞相吸引外资，城市之间形成恶性竞争

国际城市的发展，需要采用正确的发展模式。如前所述，以内生式发展模式为主，以外生式发展模式为辅，是我国国际城市发展的正确选择。但是，一些城市忽视内生式发展模式，不注重城市自身的经济发展和素质的提高，反而片面强调外生式发展模式，一味地强调吸引外资，竞相向外商提供优惠条件，出台优惠政策。于是，在城市之间，不仅不能建立起一种优势互补、资源共享、共同发展的良好分工与合作格局，反而形成一种恶性竞争的态势，争项目，争投资，争政策，争原料，争人才，一时间，城市大战硝烟四起。

现实中不乏城市与城市之间形成恶性竞争关系的例子，如北京与天津之争，沈阳与大连之争，香港与上海之争，等等。城市之间的恶性竞争，对国际城市发展带来以下负面影响：其一，投资过度分散，不能发挥规模经济效益。

一定额度的投资，投入一个城市时，其规模相当可观，对该城市发展的拉动十分明显，这个城市发展国际城市的目标实现的过程会大大缩短；反之亦然。其二，各个城市形成重复建设，不能突出自身的优势和主导产业，城市之间缺乏合作的空间，形成多个城市对市场的瓜分，价格大战使企业经济效率大打折扣，产业的集中度也明显降低，国际城市不能迅速发展并凸显出来。其三，城市各自为政进行规划、建设和管理，甚至出现以邻为壑的做法，不利于城市圈、城市群、城市带地区的统一规划、建设和管理，阻碍了统一大市场的形成，放缓了国际城市的发展步伐。

3. 三产比重偏低，城市综合经济实力不足

国际城市是世界经济的控制、管理和协调中心，是高等级中心城市，其中心地职能由其庞大的第三产业部门来履行。因此，作为国际城市，必须拥有发达的第三产业和很高的第三产业从业人员比重。

计划经济时期，在"变消费性城市为生产性城市"的发展方针指导下，我国城市中第三产业落后、三产业比重偏低的现象十分普遍。改革开放后，城市第三产业如交通、通信、商业等有了长足发展，三产比重也有较大提高，但与发达国家的国际城市相比，还相差甚远。我国大陆城市中，仅北京、上海、广州、杭州四个城市的第三产业从业人员比重超过了 55%，而世界著名的国际城市纽约、伦敦、巴黎、洛杉矶等城市第三产业从业人员比重则高达 80% 以上（见表 6-6）。这些国际城市不仅第三产业比重很高，而且质量优，金融、贸易、咨询、信息等高端第三产业发达。例如，纽约和伦敦的金融产业占第三产业的比重在 20% 以上，东京也在 10% 以上（见表 6-7）。

表 6-6　中外部分超大城市和巨型城市第三产业比重

城市名称	市辖区第三产业从业人员比重（%）[1]	城市名称	第三产业从业人员比重（%）[2]
上　海	56.34（2002）	纽　约	88.70（1993）
北　京	61.45（2002）	伦　敦	86.20（1982）
广　州	58.49（2002）	巴　黎	81.00（1996）

---

① 数据源于中国城市统计年鉴（2003）。
② 数据源于：朱庆芳编.世界大城市社会指标比较.北京：中国城市出版社.1997。

续表

城市名称	市辖区第三产业从业人员比重（%）	城市名称	第三产业从业人员比重（%）
深 圳	44.15（2002）	东 京	76.20（1991）
天 津	48.45（2002）	香 港	78.50（1994）
武 汉	53.87（2002）	芝加哥	73.40（1987）
杭 州	61.12（2002）	洛杉矶	85.10（1977）
沈 阳	53.93（2002）	悉 尼	73.10（1988）
南 京	54.06（2002）	新加坡	65.8（1993）
大 连	50.78（2002）	首 尔	66.4（1991）

表 6-7　纽约、伦敦、东京三大国际城市部分经济指标的比较①

城市名称	第三产业占GDP的比重（%）	金融产业占第三产业的比重（%）	外汇日交易额（亿美元）	证券市场交易额（亿美元）	外国银行数（个）
纽 约	86.7（1992）	17.29（1986）	1920（1992）	40637（1996）	326（1995）
伦 敦	85.0（1992）	21.2（1986）	3032（1992）	14006（1996）	429（1994）
东 京	72.5（1992）	10.7（1986）	1280（1992）	9293（1996）	90（1993）

中国超大城市和巨型城市的综合经济实力明显不足。全国 660 个城市中，市辖区 GDP 逾 1000 亿元的城市仅有 13 个（见表 6-8），它们又可以分为三个层级：第一层级，GDP 大于 5000 亿元，只有上海 1 个城市；第二层级，GDP 为 2000 亿～5000 亿元，有北京、广州和深圳 3 个城市；第三层级，GDP 小于 2000 亿元，有天津、武汉、杭州、沈阳、南京、佛山、大连、重庆和成都 9 个城市。从市辖区利税总额来看，上海仍然是最高，达 974.31 亿元；北京、广州、深圳和杭州居中，在 240 亿～360 亿元之间；而沈阳、大连、成都更是低于 100 亿元。从人均储蓄余额来看，广州最高，达到 50615 元；佛山、北京、上海、深圳其次，在 3 万～5 万元之间；天津、武汉、杭州、沈阳、南京、大连、成都再次，在 1 万～3 万元之间；重庆最低，为 9983 元。从人均 GDP 来看，北京、上海、广州三个巨型城市中，2002 年人均 GDP 最高的是广州，为 47053 元，约合 5700 多美元；其次是上海，为 42089 元人民币，约合

---

① 资料来源：Short J. R & Kim Y. H Globalization and city, Harlow Longman。

5100 多美元；北京最低，为 28449 元，约合 3400 美元。而东京的人均 GDP
（1990）为 47177 美元，纽约（1992）为 22041 美元，伦敦（1992）为 27500
美元，远远高于我国的三大城市的人均 GDP 水平。

表 6-8　中国部分超大城市和巨型城市的综合经济实力[①]

城市名称	市辖区非农业人口（万人）	市辖区 GDP（亿元）	市辖区人均GDP（元）	市辖区利税总额（亿元）	人均储蓄余额（元）
上　海	1003.08	5346.27	42089	974.31	36709.78
北　京	787.5	3124.51	28449	314.77	40448.58
广　州	465.31	2731.11	47053	355.01	50615.36
深　圳	112.04	2256.83	46388	339.63	34833.71
天　津	514.53	1819.28	24260	295.03	17777.15
武　汉	459.34	1492.74	19792	160.06	14060.11
杭　州	205.98	1366.82	35664	244.92	26200.36
沈　阳	339.55	1049.71	24545	60.29	23215.56
南　京	323.14	1200.77	24706	177.28	18099.20
佛　山	174.53	1175.92	34850	137.01	45310.21
大　连	218.16	1068.94	39328	84.31	27352.30
重　庆	423.97	1049.71	10550	110.97	9983.28
成　都	266.41	1007.37	23477	67.01	20928.08

4. 基础设施短缺，城市硬件环境差强人意

国际城市需要现代化的基础设施：由港口、机场、城市铁路、高速公路等
组成的城市立体交通网络，以确保城市人流和物流的畅通；大容量、高速度、
全方位的邮电和通信网络，以确保城市与世界各地的信息流通；以现代化给排
水、供电、供气、供暖、防灾和环保设施为主体的设施网络，以确保城市生产
和生活的正常运转；以高水平园林绿地、建筑景观、道路景观为主体的景观环
境，以确保城市的绿化、美化、净化；由博物馆、展览馆、科技馆、会议中
心、图书馆、体育场馆、音乐厅等组成的城市文化娱乐设施，以确保城市科
技、文化、教育、体育功能的发挥[②]。

① 资料来源：中国城市统计年鉴（2003）。考虑到深圳和佛山的流动人口规模庞大，将其计入超大城市。
② 顾朝林等．经济全球化与中国国际性城市建设．城市规划汇刊．1993 年第 3 期。

如第 2 章所述，发达国家的国际城市在港口、机场、城市铁路、通信网络等硬件设施方面遥遥领先，从设施环境上完全实现了现代化（见表 2-7、表 2-8）。近年来，在城市经营理念的影响下，在城市管理体制改革不断深入的过程中，我国城市特别是超大城市和巨型城市基础设施建设进入一个快速发展期，港口、机场、高速公路等建设项目不断增多，城市硬件环境得到改善。但是，与发达国家的现代化国际大都市相比，与我国城市社会经济发展的需要相比，城市基础设施供给仍显短缺，城市硬件环境差强人意。特别是交通、通信、能源等基础设施严重不足，成为我国城市经济发展的瓶颈。

5. 市场机制不健全，城市发展软环境有待完善

如前所述，国际城市是在规模经济和聚集经济规律的制约及市场导向和政府导向的双重作用下形成和发展起来的。因此，要培育国际城市，就必须有健全的、与世界经济接轨的市场经济运行机制，有完善的城市发展软环境。

众所周知，我国长期以来实行高度集中的计划经济体制。尽管经过 20 多年的改革开放，传统的计划经济体制正在向新的市场经济体制转轨，但计划经济体制的惯性很大，对城市经济发展的制约作用依然存在。传统体制已经成为中国国际城市发展的一大桎梏。这主要表现在两个方面：

第一，全国统一市场体系发育不成熟。其负面影响如下：其一，城市政府各自为政，彼此划分市场范围，致使市场条块分割；其二，政府以行政区为界来规划、发展经济，城市之间缺乏合理的分工协作，甚至出现恶性竞争；其三，区域壁垒难以打破，区域经济一体化进程缓慢；其四，市场对要素资源配置的基础作用难以发挥，从而限制了中心城市的极化效应和扩散效应，并最终延缓了国际城市的发展进程。

第二，金融业发展的政策环境不够宽松。国际城市作为世界经济的控制、管理和协调中心，它必须具备的首要职能就是国际金融中心的职能。目前，中国虽然已经实现了经常项目的货币可兑换，但是迄今为止还未实行资本项目的货币可兑换，使得国际资金难以自由进出中国，从而在客观上对国际金融中心的建成设置了一道障碍。同时，城市的市场成熟度、国际影响力、金融监管能力以及各项配套服务方面仍然不能满足需要，这在一定程度上不利国际金融中心的形成和发展。

6. 缺乏统一规划，国际城市建设显出自发性和盲目性

自大连首次提出建设国际性城市起，我国的国际城市发展已经走过了十几年的历程，提出建设国际城市的城市个数也由初期的 40 多个增加为 180 多个。尽管我国的国际城市发展实践轰轰烈烈，但却缺乏中央政府的宏观调控和支持。目前的国际城市发展规划，都是各个城市政府的自发行为，它们邀请学界专家为本市制定国际城市发展规划，并且，多数城市都将职能目标定位在综合性国际城市上，将区域目标上定位在亚太区域上，只有上海、北京等少数城市提出建设世界城市。

国际城市建设的自发性和盲目性带来了以下负面影响：

第一，分散了国力，降低了资源利用效率。我国是一个发展中国家，经济尚处于起飞阶段，城市的现代化和国际化程度较低，综合经济实力不足，面临着工业化、城市化和国际化三重任务。而我国能用于国际城市建设的资金、人力和物力是有限的，如果盲目发展多个国际城市，必然造成国力的分散，降低现有资源的利用效率。

第二，国际城市功能定位的趋同现象十分严重。据统计，我国有 40 多个城市提出创建国际化大都市，尽管这些城市的现实情况各不相同，但它们都把城市发展目标定位在高等级、综合性国际城市上。例如，上海、北京等城市都提出建设像纽约、伦敦、东京这样的世界城市。而世界经济需要多少个国际城市特别是国际化大都市，则取决于世界经济的总量水平、空间分布和联系频度。在现有的世界经济格局下，世界城市和国际化大都市的数量不可能增加太多，而作为第三、第四层级的区域性国际城市，特别是各种专门化的国际城市，其数量会随着中国对外开放度和国际化程度的提高而大幅度增加。国际城市功能定位的趋同只会加剧城市之间的恶性竞争，不利于多层次、多样化的国际城市发展。

6.3　中国国际城市发展的战略思路与对策

本节将重点探讨中国国际城市的发展思路、发展对策和具体措施，希望研究结果将对我国国际城市发展实践起到积极的推动作用。

6.3.1 中国国际城市发展的思路

中国国际城市的发展，应遵循以下思路：

1. 分阶段、分层次建设国际城市

限于现有的国力和城市群、城市带及其中心城市的发展现状，我国在短时间内不可能一下子就建设几十个国际城市。我们应面对现实，分阶段发展国际城市。2005—2020 年，集中力量建设 3～5 个国际城市；2021—2050 年，再分批建设 6～8 个国际城市。

国际城市建设是一个长期性、战略性的任务，它不可能在短时期内完成；国际城市形成之后，又处于不断的发展演变过程中，在不同的发展阶段，国际城市的发展目标、发展思路和发展对策也是不一样的。因此，我们还应针对不同目标期，制定国际城市发展规划，如 2020 年的国际城市发展规划、2050 年的国际城市发展规划，以提高国际城市发展规划的针对性和可操作性。

世界城市体系如同一个金字塔，国际城市也不例外，它具有分层的属性。世界城市是国际城市的最高等级，如纽约、伦敦、东京；其次是区域性国际城市，如洛杉矶、鹿特丹、多伦多、悉尼等；最后是地区性国际城市，如新加坡、我国香港、首尔等。我国最具备发展潜力的国际城市是上海，其发展目标2020 年应定位于环太平洋区域国际城市，2050 年应定位于世界城市。北京和天津、大连和沈阳、广州和深圳可以联手建设区域性国际城市。

2. 依托城市群、城市带建设国际城市

国际城市诞生于城市群、城市带的沃土上，这是国际城市发展的一般性规律。而作为能培植国际城市的城市群、城市带，应具有以下特征：一是拥有相当的经济实力，对区域经济发挥组织和带动作用；二是拥有十分广阔的腹地，以充分发挥聚集效应和扩散效应；三是拥有优越的区位条件，通常是沿江或靠海，是主要航运、交通枢纽；四是具有优良的现代化城市基础设施；五是以贸易为先行、以工业为基础，以金融为主导，由全国的经济、金融、贸易中心进而发展成为国际性的经济、金融、贸易中心；六是拥有发达的文化、科技、教育产业，是人才荟萃之地；七是拥有一个或几个中心城市，作为该城市群的核心；八是城市群、城市带内各城市形成明确的分工与合作关系，并通过发达的

交通通信网连接为一个整体①。

我国的长三角城市群、珠三角城市城市群和环渤海城市群初步具备上述条件，是国际城市产生和发展的最佳区域。因此，我们应在这三大城市群、城市带中选择我国潜在的综合性国际城市。

长三角城市群中，上海可以作为大区域国际城市甚至世界城市来培育；南京和杭州可以作为地区性国际城市来培育。

珠三角城市群中，广州和深圳可以发展成为地区级综合性国际城市，但要处理好与香港的关系，采取联手建设国际城市或适当分工、各有侧重发展国际城市的做法；珠海、中山、东莞、佛山等城市可以发展成为各具特色的专门化国际城市，如东莞是国际 IT 制造城。

环渤海城市群中，辽中南子城市群可以选择大连作为东北亚地区的国际城市来培育，当然，大连国际城市的发展应处理好与沈阳的关系，与沈阳携手创建国际城市是最佳选择；京津唐子城市群以北京为核心，可以把先期目标定位在大区域国际城市甚至世界城市，天津国际城市的建设最好与北京联合，共同发展；山东半岛子城市群中的青岛，可以作为现代制造业和旅游业的国际城市来建设。

3. 明确城市职能定位，在世界分工体系中建设国际城市

国际城市是按照城市功能来界定的一种特殊类型的城市，它有两种类型：一种是综合性国际城市，它是世界经济或大区域经济的控制、管理和协调中心；另一种是专门化国际城市，如国际宗教城市、国际旅游城市、国际文化城市等。按照中心地理论，只有在拥有一定面积、承载大规模人口和众多城市的区域范围内，才能培育出一定数量、相应等级的国际城市。例如，世界城市全球只有 3 个，欧洲经济体系 1 个（伦敦），亚洲经济体系 1 个（东京），北美洲经济体系 1 个（纽约）。因此，我不能关起国门来讨论中国国际城市发展问题，更不能就城市论城市，一厢情愿地将城市未来发展目标定位在国际城市上，而是要把城市放在世界分工体系中，来确定城市的职能，规划城市的未来。

例如，珠三角城市群具有毗邻港澳的地缘优势，这对其发展具有两重含义：一方面，广州和深圳等城市的发展，便于接受香港经济的辐射，接纳香港国际产业转移，对珠三角城市群中广州和深圳等城市的发展产生巨大的正面拉

---

① 曹玉进/张维．我国国际化大都市发展趋势研究．城市联合信息网。

动；另一方面，香港已经是一个发展成熟的区域性国际城市，香港国际城市的发展是以中国大陆特别是珠三角为腹地的。香港回归祖国后，大陆与香港间的制度壁垒正在消除，香港已经成为中国的一个国际城市，代表中国来参与国际分工，发挥国际经济中心城市的功能，这对于珠三角培育与香港同一层次、同等规模的综合性国际城市来说，是一个极大的制约。当然，即使是综合性国际城市，在城市具体职能上也可有所侧重。例如，伦敦侧重于国际金融中心职能；东京的云集的跨国公司最多，产业经济管理中心职能更加突出；纽约则是全球经济控制中心。

只有对外开放，将我国的国际城市放在世界分工体系中，才能准确定位国际城市的职能，确定国际城市的未来发展方向。

4. 加强分工合作，城市联手建设国际城市

如前所述，城市群、城市带是国际城市生成的外部环境。但城市群、城市带中城市数目众多，分布密集，而我们又不可能在小区域范围内同时培育出几个国际城市。加之单个城市的经济实力和职能结构有限，如果同一个城市群中的2~3个城市联合起来，共同创建国际城市，其发展前景将更加乐观。

改革开放前，广州是中国经济（通过香港）与西方世界交流的重要门户，是华南地区的首位城市。但在改革开放后，深圳辟为经济特区，承担起中国与世界各国经济联系的最大门户城市的作用，替代了广州的一部分国际职能。1997年香港回归祖国后，香港又成为我国参与世界经济体系的最大的门户城市，深圳和广州的国际职能则有所削弱。香港受土地面积所限，今后向北扩展，形成香港—深圳—广州城市密集带。而在职能上，香港与深圳、广州之间的分工关系进一步加强。因此，广州和深圳很难单独发展成为国际城市，它们只有借助香港已有国际城市的地位，联手创建国际城市密集带，才能实现各自的国际城市发展目标。

上海曾经是世界主要金融中心之一。20世纪90年代以来的浦东新区开发，为上海职能定位回归国际大都市提供了契机。上海城市总体规划提出，2010年基本建成国际经济、金融、贸易中心城市。上海国际城市的发展，面临着东京、首尔、新加坡特别是香港国际城市的激烈挑战。一方面，上海的经济水平与香港有很大差距；另一方面，香港和上海都以中国大陆作为其腹地，于是在两个城市之间势必形成一种竞争态势。因此，只有在上海和香港之间建立起一种分工合作关系，才能在确保香港国际城市不断繁荣的同时，促进上海

国际城市的发展。

　　北京建设国际城市，既有优越条件，也有制约因素。优越条件有：全国的政治、文化中心；具有亚太区域性政治、商务等管理职能；我国最大的国际旅游中心；科技、教育产业最发达、人才最集中；制约因素有：城市综合经济实力低；基础设施落后；水资源缺乏；城市环境质量较差；不临海，没有大吞吐量的港口等。天津也有许多发展成为国际城市的有利条件：临海并拥有大港口，历史上曾是北京的外港，华北地区的经济中心，且与北京城市职能的互补性强；滨海的廉价土地供给十足；悠久的工商业传统。北京要想早日实现国际城市甚至世界城市的发展目标，必须与天津联手，实行优势互补、跨行政区协调发展，共同创建国际城市[①]。

6.3.2　中国国际城市发展的对策

　　促进中国国际城市发展的对策有很多，本书重点阐述以下对策和措施：

1. 实施城市群、城市带优先发展的城市化战略

　　在我国沿海地区实施城市群、城市带优先发展的城市化战略，将对我国城市化进程的推进、国家经济竞争力的提高和国际城市的建设起到至关重要的作用。

　　首先，城市群、城市带优先发展，能加快我国的城市化进程。世界各国特别是发达国家的城市化历程表明，城市化经历了三个阶段：城市化阶段、大城市化阶段、城市群城市带化阶段。可见，城市群、城市带是城市化发展到高级阶段的产物。未来一段时期，我国的城市化将进入一个快速增长期，城市群、城市带将成为新增城市人口的主要载体，在各种城市地域结构类型中占据主导地位。

　　其次，城市群、城市带优先发展，能提高国家经济的国际竞争力。城市群、城市带是一个国家的经济核心区域，以纽约、芝加哥和洛杉矶为中心的美国三大城市带对全国 GDP 的贡献率高达 74％，日本以东京、大阪和名古屋为核心的三大城市群对全国 GDP 的贡献为 70％。而我国的长三角、珠三角和环渤海三大城市群对全国 GDP 的贡献率只有 38％。可见，我国城市群、城市

---

①　周一星．城城联手构筑国际城市．中国城市网。

带，尚处在形成初期，发育不够成熟，对国家经济的支撑作用不足。由于聚集经济和规模经济效应显著，城市群、城市带的优先发展，势必加快国家经济的发展速度，增加全国经济规模，提高国家经济的国际竞争力。

最后，城市群、城市带的优先发展，能加快我国国际城市的发展步伐。如前所述，城市群、城市带是国际城市形成的外部环境，在发达的城市群、城市带中诞生了世界著名的国际城市，如波士华城市带中的纽约、英国城市群中的伦敦、日本太平洋沿岸城市带中的东京。与发达国家的城市群、城市带相比，我国的长三角、珠三角和环渤海这三大城市群，尚处于形成初期，发育还不够成熟。如果我们在沿海地区实施城市群、城市带优先发展的城市化战略，那么中国的三大城市群的发展步伐必将加快，国际城市的诞生指日可待。

城市群、城市带的优先发展，可以通过经济、政治、社会、文化等途径来实现：一是对城市群、城市带的经济发展给予政策倾斜；二是降低城市群、城市带中新增城市的设置标准；三是改革户籍管理制度，降低农村人口进入城市群、城市带中各个城市的门槛；四是构筑覆盖城乡的全方位的社会保障体系，促进农村人口向城市群、城市带转移。

2. 加强宏观调控，制定中国国际城市发展规划

国际城市发展是一个长期性、战略性、全局性的问题，需要中央政府积极、正确的宏观调控，需要全盘的国际城市发展规划的指导。

首先，中央政府对国际城市发展的态度要明确，要正面肯定，积极支持。国际城市发展意义十分重大，因为它不仅仅是某一个中心城市自己的事情，其影响也不仅仅限于该中心城市的腹地和整个国家，更关系到中国如何参与国际分工并在世界分工体系中处于何等地位。

其次，由国家级政府部门如建设部或发展与改革委员会出面，委托专家、学者和城市管理者共同制定中国国际城市发展总规划，确定国际城市发展的战略目标、发展阶段、战略思路、对策及措施，并以总规划为指导，制定上海、北京、广州、大连、深圳等国际城市发展规划。

最后，中央政府还应对国际城市的发展实施积极、正确的宏观调控，在三大城市群中各选择1~2个中心城市，给予政策扶持：一是授予这几个中心城市改革试点的权力；二是对国际金融机构和跨国公司总部在这几个中心城市布局给予优惠和支持；三是扩大国际城市政府发展的自主权和立法权，由城市政府自主发行建设债券、设置税种、调整税率，赋予城市政府对资本、人员等要

素的经济管理权及制定与国际接轨的经济立法权^①。

3. 全方位对外开放，加快城市经济国际化进程

国际城市是全球经济网络的节点，它具有高度的开放性和国际性。一个封闭的城市，其吸引和辐射范围仅限于城市的行政辖区，很难达到本区以外的地方，因而其经济发展所依赖的资源和市场受到限制，城市经济发展十分缓慢，更不可能发展成为国际城市。相反，一个开放的城市，能将其吸引辐射范围不断扩大，由城市行政辖区扩大到周围腹地，再扩大到国家区域，最后扩展到其他国家和地区，它以跨国区域的资源和市场为背景，通过参与国际经济分工，城市经济得以快速发展，并逐渐演变成为跨国经济区域的中心城市，即国际城市。因此，实施全方位的对外开放，是国际城市形成和发展的基础。

城市经济的国际化程度是在对外开放的背景下，在参与国际经济分工的过程中逐步提高的。国际城市面对的是国内、国际两个市场，依赖的是国内、国际两种资源，纳入的是国内、国际两种经济循环。因此，对于国际城市发展而言，参与国际分工和参与国内分工同样重要，甚至更加重要。而要同时参与国际、国内两种分工体系，就必须建立起与国际接轨的市场经济运行机制。可见，国内、国际经济体制的对接是我国国际城市建设的前提。

建立与国际经济接轨的市场经济机制，可采取以下措施：一是加快金融管理体制的改革，实现人民币的自由兑换，促使商业银行独立运营；二是实施高自由度贸易政策，促进商品和要素资源在国际国内自由流动；三是建立现代企业制度，对各种经济成分实行国民待遇，允许企业产权合理流动和重组；四是建立覆盖城乡的社会保险体系，促进劳动力与人才的合理流动。

4. 拓展投资渠道，加强基础设施建设和管理，优化城市硬环境

基础设施供给短缺，是我国国际城市发展的一个重要制约因素。要增加基础设施的供给，就必须进行大规模的基础设施建设；要进行大规模的基础设施建设，就必须投入巨额的建设资金。而我国是一个发展中国家，国家财力有限，城市财力不足。要想突破国际城市发展的资金瓶颈，就必须以内生式发展模式为主，以外生式发展模式为辅，采取城市经营的理念，拓展投资来源，加强城市基础设施建设，对基础设施实施市场化管理。

---

① 蔡来兴. 国际经济中心城市的崛起. 上海：上海人民出版社. 1995 年。

国际通用的筹资方式主要有 10 种：财政预算内资金；土地出租转让金；各类收费；银行信贷；股票；债券；出让股权（产权）；合资或委托建设；基金；BOT。其中股票、债券、BOT 最适用于投资规模大、建设周期长、经济效益不明显的机场、港口、城市铁路、高速公路等市政基础设施项目。股票和BOT 方式的运用在我国城市发展中已很普遍，发行城市建设债券却是一个禁区。因此，要破解国际城市基础设施建设滞后这个难题，中央政府必须授予城市特别是试点国际城市的政府自主发行城市建设债券的权力。

国发达国家在城市基础设施建设和市场化管理方面积累了丰富的成功经验，第四章中已有详细阐述，在此从略。我国的一些城市如上海、杭州、青岛、大连等在筹集城市建设资金、经营城市、促进国际城市发展方面也取得了令人瞩目的成绩。借鉴国内外国际城市基础设施建设的成功经验，进一步改革我国城市基础设施建设和管理体制，将有助于国际城市硬环境的改善，加快中国国际城市的发展步伐。

5. 加快发展城市经济，提高第三产业比重，强化国际城市功能

国际城市是国际经济中心城市，是不同层级国际经济区域的控制、管理和协调中心。因此，能不能成为国际城市，靠的不是中央政府的指定，也不是专家学者的界定，而是城市的经济竞争力，是国际市场的认可。

虽然国际城市的发展有区位、政治、经济、文化和环境五条路径，但经济路径是国际城市发展的根本路径。经济路径又可以分解为三个子路径：即口岸经济、制造经济和服务经济三个子路径。口岸经济是包括仓储、装卸、航运、加工、国际贸易、旅游、口岸服务等环节在内的一整条产业链，是国际城市利用其区位优势，通过对外开放，发展起来的一组产业族群。服务经济是包括商业、贸易、旅游、航运、仓储业等传统第三产部门及科技、会展、教育、金融、信息、咨询、环保、房地产等新兴第三产业部门在内的庞大的第三产业体系。制造经济是一个更加庞大的产业体系，它由三部分组成：一是传统制造产业，包括原材料工业、加工业、机器制造业等；二是现代制造业，包括装备制造、精密仪器、运输设备制造等；三是高新技术产业，包括生物工程、海洋工程、信息工程等。

由于每个国际城市的具体情况不同，它们采取的发展城市经济、提高第三产业比重的措施也不一样。下面我们以上海为例，阐述国际城市的经济发展。

案例：上海的经济发展与产业结构调整

上海在 20 世纪 90 年代初进入快速发展期，经过 10 多年的发展，经济实力得到明显的提升。1992—2000 年间，上海 GDP 的增长速度连续 9 年保持在两位，年平均增长率为 12.5%。上海的 GDP 总量从 1978 年的 272 亿元增至 2002 年的 4551 亿元，2002 年更是创下 5409 亿元的高水平。人均 GDP 从 1990 年的 1236 美元增长为 2000 年的 4180 美元，2002 年超过 5200 美元，城市综合实力居全国首位，是名副其实的全国经济中心城市。

上海的经济快速发展，得益于产业结构的调整和升级。这主要表现在三个方面：首先，第三产业比重迅速提高。2000 年，上海第三产业占 GDP 的比重首次超过第一、二产业比重之和，真正成为上海经济的半边天。其次，第二产业结构调整效果显著。上海已形成以电子及通信设备制造业、石油化工及精细化工制造业、家用电器制造业、汽车制造业、钢铁、电站设备及大型机电设备六大支柱产业，2001 上半年共完成工业总产值 1509.53 亿元，同比增长 13.5%，占全市工业总产值的 52%，新增产值占全市工业的 58.8%。信息产业的发展取得了惊人的业绩，2000 年创产值 904 亿元。再次，上海的金融服务业已成为上海的六大新兴支柱产业之一，上海金融保险业的增加值占 GDP 的比重从 1995 年 10% 提高到 2000 年的 15.2%；最后，上海正在成为一个有影响力的市场中心，每天有价值 2.99 亿美元的商品从口岸进出，有 1700 万美元的国际资本流入，有 300 多亿资金在外汇、拆借、证券市场融通，有 150 万吨货物在港口吞吐，有价值亿元的技术由此流向市场[①]。

目前，上海仍有许多重大生产项目如安亭汽车城、金山石化城等正在建设之中；上海的科技创新能力日益增强，2000 年，上海科技进步对 GDP 的贡献率首次突破 50%；上海依托重大产业项目和市政基础设施正在建设松江、临港和嘉定——安亭 3 个新城，城市的地域结构模式将进一步完善。这些都为上海国际城市发展奠定了基础。

---

① 陈维. 上海：现代化国际大都市魅力的培育与比较. 上海经济研究. 2002 年第 2 期。

第7章 大连国际城市发展
个案研究

选择大连作为本文的案例进行实证研究，原因有两个：其一，虽然大连目前还不是一个成熟的、典型的综合性国际城市，但其未来发展潜力不可低估，在21世纪中期，它极有可能发展成为一个高等级、综合性的国际城市；其二，本文作者曾于2000年随同张敦富教授、叶裕民教授、付晓东教授等亲临大连进行实地考察，参与了"大连国际性城市发展研究总报告"的撰写，提出过一些有创意的观点。但通过近四年的研究，笔者发现，当时提出的一些观点，现在看来还需要修正，需要补充。因此，本章的意义，不仅在于对前几章所述理论进行实证分析与应用，更在于对大连国际城市发展提出新思路和新观点，为大连国际城市发展提供理论依据。

7.1 大连国际城市发展的现状、优势与问题

大连是中国东部沿海地区的一个临海型区域中心城市，也是最具国际城市发展潜力的6大城市（广州、上海、青岛、北京、天津、大连）之一。分析大连国际城市发展现状和优势，找出差距，挖掘问题，可以为大连国际城市发展的目标定位、模式选择和对策制定提供依据。

7.1.1 大连国际城市的发展现状

大连位于中国辽东半岛南端，背靠欧亚大陆东北端，面临西太平洋海域。19世纪，这里曾是一个名为青泥洼的小渔村，1899年才辟港设市。经过105年的发展，大连的城市规模不断扩大，城市职能出现分化和叠加，城市空间布局体系日臻完善。如今，大连已发展成为中国北方重要的港口、工业、贸易和旅游城市，东北地区重要的区域经济中心城市之一。

全市下辖6个区（中山区、西岗区、沙河口区、甘井子区、旅顺口区、金州

区），3 个县级市（瓦房店市、普兰店市、庄河市），1 个县（长海县）（如图 7-1
所示），区域总面积为 12574 平方千米，2002 年全市总人口为 557.9 万人，其
中市辖区人口 273.2 万人，占全市总人口的 49%。

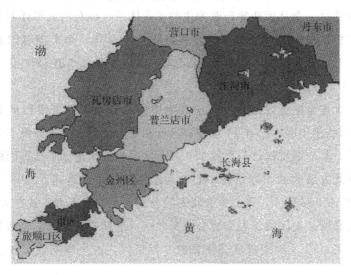

图 7-1　大连市行政区

　　大连交通便捷，已形成具有较强运输能力的现代化立体交通运输网络。大
连港水深港阔，不冻不淤，是世界著名天然良港，现有泊位 70 多个，其中万
吨级以上泊位 40 个，与世界 160 多个国家和地区的 300 多个港口有贸易运输
往来，是中国最大的粮食和石油转运港口，货物吞吐量逾亿吨，是全国第六大
港。海上客货运输业发达，有通往韩国仁川、平泽和中国上海、天津、烟台、
威海等城市的客运航线，以及通往美国、日本、印度等国家和地区的 45 条国
际货运航线。铁路与东北、华北铁路网相连。公路网四通八达，沈大高速公
路、大连至庄河的高等级公路、大连至旅顺的高速公路等构成大连的区域交通
动脉；市区公交便利，轨道交通、无轨电车、公共汽车线路密布，并拥有世界
先进的交通指挥系统。大连空港——周水子国际机场可起降波音 747 等大型飞
机，已开通 86 条国际国内航线。

　　自改革开放后，大连城市经济一直保持持续、快速、健康的发展态势，综
合经济实力不断增强，人民生活水平逐年提高。从 1992 年起，国内生产总值
增速持续保持在两位数上，2002 年全市市辖区 GDP 达到 1068.94 亿元，人均
GDP 达到 39328 元。

　　大连不仅经济实力较为雄厚，经济体系也比较完备。这主要表现在以下几

个方面：

第一，大连拥有坚实的工业基础，工业门类齐全，综合配套能力较强，是中国东北工业基地的重要组成部分。目前已形成以机械、电子、石化、轻纺、服装、冶金建材、食品医药等行业为主的工业体系，拥有西太平洋石化、大连造船、大连机车车辆、华录电子等著名企业。2002 年，全市拥有国有及年销售收入 500 万以上非国有工业企业 1124 家，实现工业总产值 1250 亿元，年均从业人数 43.1 万人。

第二，大连金融业发展迅猛，已成为中国北方地区外资银行最集中的城市。截至 2002 年年底，已有 14 家外资银行和金融机构在大连开设了分行或设立了办事处，其金融机构已与世界 150 多个国家和地区建立了结算网络，大连已成为中国北方最大的国际结算中心。大连保险业发展迅速，2002 年全市承保金额达到 6000 多亿元，第一家合资寿险公司首创安泰人寿正式在大连开业。大连商品交易所是中国的三大期货交易所之一，也是亚洲最大、全球第二大的大豆期货市场，2002 年期货成交额突破 2 万亿元，占全国期货市场总成交额的 53%。

第三，大连商业、服务、会展业繁荣。全市商业网络发达，现代商贸业发展迅速，国有商业、民营商业、外资商业互补，购物中心、大型超市、连锁店并存，构成发达的商业体系。大连引进国际著名的商业跨国公司和先进的商业业态，如美国的沃尔玛、法国的家乐福、德国的麦德隆、马来西亚的百盛等，实施电子商务、信贷消费等现代营销方式。大连会展业迅速崛起，成为大连新的经济增长点。星海会展中心共承办包括中国大连进出口商品交易会、大连国际服装博览会等在内的展会 300 多个，累计成交额 1000 多亿元；其中 2002 年举办展会 56 个，总展出面积达 42.3 万平方米，实现成交额 306 亿元，有 65 个国家和地区的 1.6 万家企业参展。

第四，大连的科教文化产业发达。全市拥有普通高校 18 所、各类科研开发机构 100 多个、中科院院士和工程院院士 18 位，每年向社会提供大量的高层次人才和科技成果。大连京剧团和大连杂技团的节目曾多次获国际大奖。大连自然博物馆、旅顺博物馆、现代博物馆等文化博览设施享誉海内外。大连还享有"服装城""足球城""田径之乡""游泳之乡"等盛名。

第五，大连旅游业发达。城市依山傍海，环境优美，气候宜人，可居住度高，曾获 1999 年联合国"人居奖"、2001 年联合国环境"全球 500 佳"城市、国家建设部"中国人居环境奖"、联合国亚太地区环境治理先导城市等荣誉。

目前，城市绿化覆盖率达到 41.5％，2002 年人均园林绿地面积为 40.03 平方米，是中国首批"优秀旅游城市"。大连不仅人文旅游资源和自然旅游资源丰富，融经济、文化、旅游于一体的大型旅游活动如大连国际服装节、烟花爆竹迎春会、赏槐会、国际马拉松赛等享誉海内外，旅游业已发展成为支柱产业，2002 年旅游创汇 3.3 亿美元，旅游总收入达 135 亿元[①]。

7.1.2　大连国际城市的发展优势

1. 区位优势突出，环境优美宜人

大连位于辽东半岛南端，背靠欧亚大陆东北端，面临西太平洋海域，是中国东北重工业基地的门户、环渤海经济圈的重要中心城市、欧亚大陆桥的东桥头堡，其吸引辐射范围不仅包括东北、华北、西北地区，还可通过海陆空运输通道深达内陆，远及韩国、日本、俄罗斯、西欧，是中国联结世界的重要口岸之一。

大连既有临海优势，又多山地丘陵，自然景观旖旎，海滨风光和山水风光共存。山水使城市布局呈分散式格局，建筑高低错落，布局有致，避免了平原地区大城市摊大饼式布局所带来的交通拥挤、用地紧张、空气污染、千城一面等一系列问题，全城充满立体感和韵律感，魅力十足。加之兼具大陆性季风气候和海洋性气候特点，冬无严寒，夏无酷暑，四季分明，温暖湿润，宜于人类居住和植被等生物种群繁衍。大连的环境优势不仅是内陆城市无法比拟的，也是众多沿海城市中最为突出的。

2. 城市规模较大，城市化水平较高

历经 100 多年的发展，大连已由早期的小渔村发展成为一个规模庞大的区域中心城市。2002 年，大连全市总人口为 557.9 万人，其中市辖区人口 273.2 万人，占全市总人口的 49％；非农业人口达 287.9 万人，占全市总人口比重为 51％。按总人口规模排序，大连在全国城市中居第 17 位；按非农业人口规模排序，大连在全国城市中居第 14 位。

大连城市等级高，是中国 15 个副省级城市中的一个。全市下辖主城区、

---

① 大连市政府网站。

新城区、金州城区、旅顺口城区四个城区及瓦房店、普兰店、庄河三个县级市，市域面积为 12574 平方千米，其中建成区面积 248 平方千米，在全国城市中居第 11 位；2002 年城市化水平达到 51%，位居全国各城市前列。

3. 产业结构较先进，综合实力较强

2002 年，大连国内生产总值达到 1068.94 亿元，其中第一、二、三次产业增加值占 GDP 的比重，按全市计分别为 8.4%、47.02% 和 44.55%，按市辖区计分别为 4.16%、44.65% 和51.19%。

全市综合经济实力较强。2002 年，全市 GDP 值居全国城市第 11 位，人均 GDP 为 19160 元，居全国各城市前列；第三产业增加值为 51.19%，居全国超大城市前列；国际旅游收入为 33000 万美元，居全国城市第 9 位；实际利用外商直接投资 16 亿美元，居全国城市第 9 位；产品销售收入为 1123.14 亿元，居全国城市第 15 位；利税总额 84.31 亿元，居全国城市第 21 位；人均地方财政收入为 3164.14 元，居全国城市第 12 位。

4. 拥有天然良港，城市发展主线清晰

港口是国际城市发展的优势条件之一。港口型国际城市除了具有同一层级城市所应具备的职能外，还始终是世界级的物流配送或集散中心、涉港产业基地、知识和信息的创造与扩散中心、低成本的制造业中心等。因此，与港口直接相关的产业是港口型国际城市发展的基础[1]。

大连是由一个小渔村发展演变而来，因港而兴，因港而盛，港口建设在城市发展的各个阶段均占据主导地位，是城市发展的主线。2004 年，大连港已建成 30 万吨原油码头、30 万吨矿石专用码头及大规模集装箱码头、粮食散货码头等，港口吞吐量首次逾亿吨，超过秦皇岛港，成为全国第 6 大港。伴随港口建设，国际油品及液体化工品分拨中心、集装箱转运中心、粮食转运中心、专业汽车及客轮旅游中心、杂货及煤炭转运中心、散矿分拨中心这六大中心职能也正在形成，大连国际物流与配送中心的地位得以确立[2]。

5. 以辽中南城市群为依托

大连是环渤海城市群中辽中南子城市群的一个组成部分（如图 7-2 所示）。

---

① 田贵明. 港口型国际大都市的特征和天津的战略思考. 天津市政府网站.
② 李丽萍. 大连国际性城市发展的环境经济模式. 城市发展研究. 2001 年第 3 期.

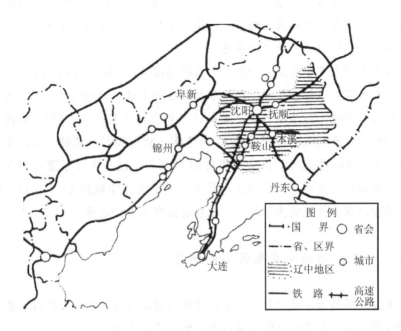

图 7-2　大连在辽中南城市群中的位置

辽中南城市群城市个数众多，规模结构合理，已初步形成一个较为成熟的城市体系。按 2002 年市辖区非农业人口计算，该城市群拥有超大城市 2 个（沈阳、大连），特大城市 2 个（抚顺、鞍山），大城市 5 个（本溪、丹东、锦州、营口、阜新、辽阳），中等城市 4 个（盘锦、铁岭、朝阳、葫芦岛），县级市 17 个。

辽中南城市群中的多数城市都是工业城市，尤以专门化的能源、化工、冶金、建材、机械等重工业闻名全国，是新中国成立后建设的第一个国家级重工业基地。而以服务业见长的综合性高等级中心城市只有沈阳和大连两个城市，它们共同承担着辽中南城市群中心城市的任务。特别是大连，作为一个临海型港口城市，其吸引辐射范围比沈阳更广，发展潜力更大，是整个辽中南城市群对外联系的枢纽，伴随着东北老工业基地的振兴，最有希望发展成为东北亚地区的国际城市。

6. 中央政府对东北老工业基地的大力扶持

包括辽中南城市群在内的东北老工业基地的衰退问题已引起中央政府的高度重视和社会各界的广泛关注。国家"十一五"发展规划中，将东北老工业基地的振兴列为一项重要内容，甚至将其与西部大开发同等看待。为此，中央政府制定了东北老工业基地振兴战略，并配合该战略的实施，颁布各项优惠政策，投入巨额资金，启动建设项目，以拉动东北经济，这为辽中南城市群及大连国际城市的发展提供了绝佳的机遇。

据国家发展与改革委员会的消息，首批总投资额 610 亿元的 100 个建设项目已经获得批准，这标志着我国振兴东北地区老工业基地的战略已经进入实质性操作阶段。首批 100 个项目中，黑龙江省和吉林省各占 20 多项，而传统的工业大省辽宁获准建设的项目达到 52 项之多，超过项目总数的一半以上，总投资额也突破 440 多亿元，占全部投资的 72.5%，这些项目主要分布在装备制造业、原材料工业和农产品加工项目上。其中大连争取到 17 个项目，排在东北各城市之首。大连成为东北老工业基地振兴的重中之重。

7.1.3 大连国际城市发展面临的问题

在大连国际城市发展过程中，不仅要面对城市自身的规划、建设、管理中存在的问题，而且会受到辽中南城市群发展问题的影响。

1. 城市规模不够大

从理论上讲，国际城市形成和发展的内在机制是规模经济和聚集经济。一个城市如果达不到一个足够大的规模，那么，规模效应和聚集效应就不能充分发挥，城市经济发展的速度、效率也会受到限制，城市经济分布的密度和强度也难以大幅度提高。从国际城市发展的实践来看，世界上的高等级、综合性国际城市，其规模一般都远远大于国家或地区中心城市。伦敦、巴黎、纽约、东京、洛杉矶、首尔等国际城市的人口规模都在千万以上。

大连的城市规模不仅与世界上其他国家的国际城市存在差距，而且与中国东部的 11 个超大城市相比，也不占据优势（见表 7-1）。与辽宁省内城市比较，无论按市辖区总人口计，还是按市辖区非农业人口计，大连的人口规模只及沈阳人口规模的一半强。即使考虑到大连流动人口较多的现实，其人口规模也不可能超过沈阳，成为辽宁的首位城市。

2. 城市经济实力不够强

大连的经济综合实力不够强，主要表现在三个方面：其一，经济总量不够

表 7-1　中国东部地区 9 个超大城市的人口规模（2002 年）　　① 　单位：万人

城市名称	全市总人口	市辖区总人口	全市非农业人口	市辖区非农业人口
上　海	1334.23	1270.22	1018.81	1003.08
北　京	1136.30	1067.00	806.90	787.50
天　津	919.05	752.21	541.14	514.53
广　州	720.62	583.89	502.30	465.31
武　汉	768.10	768.10	459.34	459.34
沈　阳	688.92	488.66	438.66	399.55
南　京	563.28	480.35	339.35	323.14
哈尔滨	948.27	311.77	449.19	273.51
济　南	575.01	327.55	285.83	234.60
长　春	712.50	303.94	300.28	228.38
大　连	557.93	273.23	287.94	218.16

大。2002 年大连实现 GDP1068.94 亿元，居全国城市第 11 位，但其数值只及上海（5346.27 亿元）的 1/5、北京（3124.51 亿元）的 1/3、广州（2731.11亿元）的 2/5、深圳的（2256.83）1/2，而且低于天津、武汉、杭州、沈阳、南京、佛山（见表 7-2）；其二，人均 GDP 不够高。2002 年，大连人均 GDP为 19159 元，只是广州人均 GDP 的 0.40、上海人均 GDP 的 0.45、北京人均GDP 的 0.65，居全国城市第 11 位；其三，产业结构水平有待提高。2002 年，大连第一产业比重为 4.16%，第二产业比重为 44.65%，第三产业比重为51.19%。与表 7-3 中所列城市相比，第一产业比重稍高，仅次于武汉和杭州，居第三；第三产业比重不低，但与北京和广州相比，还存在一些差距。

表 7-2　中国部分超大城市国内生产总值（2002 年，按市辖区计）②

城市名称	GDP（亿元）	人均 GDP（元）	城市名称	GDP（亿元）	人均 GDP（元）
上　海	5346.27	42089	杭　州	1366.82	35664
北　京	3124.51	24260	沈　阳	1200.77	24545
广　州	2731.11	47053	南　京	1197.34	24706
深　圳	2256.83	46388	佛　山	1175.92	34850
天　津	1819.28	24260	大　连	1068.94	39328
武　汉	1492.74	19792			

① 资料来源：中国城市统计年鉴 2003. 北京：中国统计出版社。
② 资料来源：中国城市统计年鉴 2003. 北京：中国统计出版社。

表 7-3　中国部分超大城市三次产业结构（2002 年，按市辖区计）[①]

城市名称	第一产业增加值占GDP 的比重（％）	第二产业增加值占GDP 的比重（％）	第三产业增加值占GDP 的比重（％）
上　海	1.38	47.52	51.10
北　京	2.57	34.51	62.92
广　州	2.60	38.82	58.57
深　圳	0.84	54.71	44.45
天　津	2.77	48.77	48.46
武　汉	6.00	44.24	49.76
杭　州	4.43	48.72	46.85
沈　阳	1.96	45.53	52.51
南　京	4.04	53.84	42.12
佛　山	6.13	53.21	40.65
大　连	4.16	44.65	51.19

大连在城市规模和经济实力上的局限性，制约了其作为中心城市职能的充分发挥，致使其对行政辖区内农村地区发展的带动及对辽中南区域的辐射作用较弱，城市等级提升较慢。

3. 所依托的城市群经济陷入衰退

由于拥有优越的区位条件和异常丰富的煤、铁、石油等矿产资源，辽中南地区成为中国新中国成立后重点投资建设的一个地区，发展成为以冶金、机械、石化、建材、电力工业为主的国家级重工业基地，形成以沈阳和大连为中心，以鞍山、抚顺、本溪、辽阳等城市为副中心，包括 30 多个城市在内的城市群。但是，由于资源的枯竭和计划经济向市场经济的体制转轨，辽宁省在全国的地位不断下滑。解放初期，辽宁是仅次于上海的经济大省和工业大省。20世纪 80 年代中期以后，辽宁的地位逐年下滑，现已跌到 10 位以后。70 年代末，辽宁的工业产值是广东省的 2 倍，2002 年，东北三省加在一起也赶不上广东。包括辽宁在内的东北老工业基地呈现出老化和相对衰退的迹象，辽中南城市群中的多数矿业城市经济陷入结构性停滞和衰退之中，致使整个城市群的经济实力下滑。除大连和沈阳外，其他 4 个城市的经济质量都不够好，表现在人均 GDP 值较低、利税总额很小等方面。特别是辽阳市，利税总额仅为 8.71 亿元（见表 7-4）。

[①]　资料来源：中国城市统计年鉴 2003. 北京：中国统计出版社。

表 7-4　辽中南城市群主要城市经济实力对比（按市辖区计）①

城市名称	国内生产总值（亿元）	人均GDP（元）	利税总额（亿元）	人均地方财政收入（元）	在岗职工平均工资（元）	第三产业增加值占GDP的比重（%）
大　连	1068.94	39328	84.31	3164.14	16258.48	51.19
沈　阳	1200.77	24545	60.26	768.92	13459.00	52.51
鞍　山	416.13	28592	37.59	551.63	11423.86	40.04
抚　顺	203.10	14564	21.71	968.97	11140.44	34.25
本　溪	144.02	14030	21.83	1143.45	11066.03	42.03
辽　阳	109.38	11099	8.71	1188.08	11655.26	40.37

4. 体制转轨尚未完成，区域性协调管理机构不健全

城市群是一个整体，正是由于群体内部各城市之间的合理分工、协作和密切的社会经济联系，才使规模经济和聚集经济效应得以发挥，城市群的整体能量远远大于其组成城市能量的简单加和。

我国正处于计划经济向市场经济的过渡时期，计划经济的痼疾依然存在，它对区域城市群的发展是一种桎梏。包括辽中南城市群在内的东北地区是我国计划经济时期的代表性区域，计划的色彩依然存在，体制的缺陷还未根除，以行政区规划、发展经济的现象十分普遍。例如，城市各自为政，彼此划分市场范围，相互之间恶性竞争，缺乏合理的分工协作，城市之间联系松散，等等。甚至有人把沈阳与大连的发展对立起来，提出抛开大连建立沈阳经济区。上述区域垄断和割据的做法，对辽中南城市群的发展造成了很大的负面影响。

正是因为我国的城市主要是以行政区为单位来规划、组织、发展的，那么，建立协调城际关系的区域性管理机构如大都市管理委员会就显得十分必要。而对于辽中南城市群而言，成熟的区域性管理机构缺位，这对协调城市群中各城市关系、促进大连国际城市发展无疑是一大障碍。

7.2　大连国际城市的发展模式与形成路径

虽然大连国际城市发展目前还存在一些问题，但它所面临的发展机遇是前所未有的，所拥有的发展优势也是十分突出的。选择正确的发展模式，合理界

---

① 资料来源：中国城市统计年鉴 2003. 北京：中国统计出版社。

定该模式的内涵与思路，对大连国际城市发展将会产生很大的促进作用。

7.2.1 大连国际城市的发展模式

根据上述优势分析可以得出结论环境经济模式是大连国际城市发展的最佳选择，而产品经济模式则适用于大连周围的卫星城的发展，前者为主，后者为辅，共同指导大连国际城市的发展。同时，鉴于本市的社会经济基础，大连应以外生式发展模式和内生式发展模式并重，来促进其国际城市发展。

经济的发展得益于环境，环境的塑造依托于城市的规划、建设和管理。除城市自身的优势外，大连选择环境经济模式的依据和益处有三个：

其一，城市及其环境既是社会公共事业，又是城市经济赖以存在和发展的载体，更是最大的国有资产和重要的产业部门。采用环境经济模式来经营城市，既可产生直接的经济效益，大连与城市建设相关的产业增加值占 GDP 的比重在 10％以上，又可创造巨大的宏观经济效益，使布局在本市的第二、三产业获得规模经济与聚集经济，还可使城市这一国有资产不断保值、增值，为城市经济的可持续发展奠定物质基础。

其二，国际城市首先必须是现代化城市，而城市建设状况现代化是国际社会评价一座城市现代化程度的重要标准之一，也是影响各国政府和企业家投资决策的重要因素。而环境经济模式的核心就是城市的规划、建设、管理和运营，这种模式在一个城市的应用，首先改变的就是该城市的环境质量和水平。对于建设国际城市而言，这是一条相对便捷的道路。

其三，采用环境经济模式进行国际城市建设，不仅可以优化投资环境，创造巨大的经济效益，而且可以改善城市人居环境，在满足居民物质和精神需求、提高人口素质（环境育人说）、促进社会进步方面创造巨大的社会效益，实现经济效益、社会效益、环境效益的协调与统一。

大连国际城市发展的环境经济模式的内涵如下：

1. 确定城市发展目标

大连采用环境经济模式发展城市，首先应确定城市发展目标。早在 1990年，大连市政府就提出把大连建设成为经济中心功能为主、开放度高、吸引力大、辐射力强、功能齐全的社会主义现代化国际性城市。1992 年提出用 20 年时间把大连初步建设成为社会主义北方香港，基本实现现代化。1993 年将长远发展目标修正为：把大连逐步建设成为商贸、金融、旅游、信息城市。1997年提出的长远发展目标是：用 15 至 20 年的时间把大连建设成为经济发达、功能完善、环境优美、社会稳定、文化繁荣、市风良好、人民安居乐业的现代化国际城市。1999 年提出把大连建设成为国际旅游、商贸、会展名城。2000年确定的长远发展目标为：用 5 年时间，把大连建设成为国际名城①。

大连城市的发展目标虽然经历了一个不断调整、完善的过程，但中心思想没有变，即要把大连建设成为综合性国际城市。参考大连在不同时期确定的长远发展目标，鉴于大连在国内、国际劳动地域分工格局中的地位，考虑到大连国际城市发展的区位优势、港口优势和环境优势，本文认为，2020 年大连的城市发展目标应定位在：中国重要的港口和旅游城市，辽中南城市群的中心城市，东北亚地区的国际城市。

作为东北亚地区的国际城市，大连应承担以下六大职能：国际航运中心；国际贸易中心；国际旅游中心；国际会展中心；国际金融中心；国际信息中心。

2. 制定城市总体规划和专项规划

环境经济模式的核心是规划、建设、管理城市，因为城市规划是城市建设和发展的依据，是城市管理和经营的关键。在这方面，大连取得了以下成功经验：

首先，控制城市人口规模，提高人口素质；控制基建规模，提高建筑水准；调整产业结构，提高企业效益；采取分散式布局，避免城市"膨胀病"。

其次，以城市改造为契机，调整产业结构与城市布局。搬迁改造市中心区的工业企业，对第二产业进行异地改造；采用中心区与卫星城相互依托的组团式布局，将市中心区居民搬迁出去，腾出土地用于建设绿地和发展第三产业，强化城市的口岸、运输、贸易和旅游等第三产业功能；把小城镇建设与中心城建设视为一个整体，同步规划，形成布局合理的市域城镇体系。

第三，注重城市特色的设计与塑造，形成独特的城市风格。坚持把建筑美与自然美相结合，城市建筑以多层、欧式风格为主，高低错落，形态各异；采用疏林草地、花卉大色块栽植、树木组团布置等手法，营造开阔、明快的欧美式绿地，使蓝天、绿地、碧海有机结合，突出现代化海滨城市的韵味。

---

① 张敦富等．大连国际城市发展研究总报告．2000 年．内部打印。

第四，树立精品意识，提高规划和设计水平。通过国际招标确定规划设计方案；组织有关部门审查城市总体规划方案、分区规划方案和专项规划方案；多方案对比、论证、选择。

第五，加大管理与调控力度，确保城市总体规划设计方案的实施。改革土地审批制度，统一土地审批权；执行建设与环境保护同时设计、同时施工、同时交付使用的"三同时"规定；遵循统一规划、统一批地、统一设计、统一管理、统一配套的建设审批程序①。

3. 加强城市基础设施建设和综合环境整治

高目标、适度超前地进行基础设施建设，是大连实施环境经济模式的重要举措。主要包括国际机场、大连海港、大窑湾集装箱码头、大连火车站、大连至烟台火车轮渡等运输枢纽建设项目；疏港路、东北路等市内道路网建设项目；中心城区与卫星城之间的高速公路和轻轨交通系统建设项目；供水、供气、供暖、污水处理等公用事业项目；文化、教育、体育、旅游、商业等公共建筑建设项目。

加强环境综合整治力度，改善人居环境，建设安全、优美、健康的住宅小区。增加居民居住面积，2002年市辖区人均住房使用面积达到14.17平方米；不断改善居住环境，实现居住小区化，小区精品化，服务配套化；建设风格独特的休闲娱乐广场，如人民广场、海之韵广场、奥林匹克广场等，提高城市文化品位和内涵；通过植草皮、扒小房、拆墙透绿、路街整治、光明工程等活动，使城市绿化、美化、亮化水准不断提高。

4. 加强城市管理，提高管理水平

首先，对环境卫生管理实行各区负责、市里监控；下放城市管理权限，充分发挥区街在城市管理中的作用；改革市政基础设施使用管理办法，如打破公交独家垄断的局面，实行社会办公交；供水、供气、供暖等公用事业也实现产业化、市场化运营。改革城市环卫、绿化、路灯、排水等行业管理体制。

其次，加强城市管理的立法、执法和监察工作。颁布城市建设与管理的地方性法规，使城市管理走上法制化轨道。对执法监察队伍实行联合执法，进行统一调度、统一指挥、统一管理，加强监察力度。

---

① 张敦富等．大连国际城市发展研究总报告．2000年．内部打印。

最后，重视居民文明素质的提高。培养居民的花园意识、国际意识、现代意识和文明意识，提高居民的公共道德水平；提高城市居民对城市规划、建设、管理工作参与的积极性；树立人民城市人民爱、爱市如爱家的良好社会风尚[①]。

7.2.2　大连国际城市的形成路径

1. 区位路径

区位优势是大连国际城市发展的第一优势，而临海、拥有天然良港、腹地广阔则是大连区位优势之所在。因此，区位路径是大连国际城市发展的首选路径。

大连国际城市发展的区位路径是：通过港口建设，培育港口与物流产业链；利用港口优势，发展临海经济；借助东北亚桥头堡和中国东北门户的优势，发展过境贸易、金融保险、商务会展等高端服务业；凭借辽中南城市群中心城市的地位，发展行政管理、商业贸易、资本市场、物流管理等第三产业，强化城市的中心地功能。

区位路径能否畅通，关键在于海、陆、空立体交通网络的构筑。多方引资，加快港口建设，形成多功能、专门化、高水平的港口群，从而发展成为世界海运网络的核心枢纽；扩张航空港规模，开拓航空业务市场，开辟通往世界各大国际城市的航线，吸引世界各地的客流和货流由此进入中国，从而发展成为世界航空网的重要节点；加快高速铁路、高速公路建设，争取在辽中南城市群形成统一的高速铁路和高速公路网络系统。

2. 政治路径

计划经济体制下，中国的行政管理中心城市，如首都、省会城市等，往往占据政治资源优势，在经济资源分配和要素布局上也能得到政府的偏爱，因此，其经济发展得更快，城市建设得更好。2002 年，中国大陆地区共有 31 个省、自治区、直辖市，除 4 个直辖市外，27 个省会或自治区首府城市中，仅有 3 个城市的经济规模排名不在第一位，其余 24 个城市的经济规模均排在该

---

① 张教富等．大连国际城市发展研究总报告．2000 年．内部打印。

省或自治区第一位（按市辖区国内生产总值计）。

辽宁省的省会城市是沈阳，大连只是辽宁的两大中心城市之一，且其偏居省域边缘。因此，要充分发挥政治资源对大连国际城市发展的促进作用，大连就必须与沈阳联手，共同建设国际城市。

从另一方面看，由于国家经济管理体制正由计划经济向市场经济过渡，随着市场经济体制的不断成熟，行政管理中心对资源分配和城市经济发展的影响在减弱，这对大连而言是有利的。当前，中国沿海特别是南部沿海市场经济发达地区不乏非省会城市经济规模超过省会城市的实例。按全市 GDP 计，苏州（2080 亿元）和无锡（1580 亿元）的经济规模已远远超过江苏的省会城市南京（1297 亿元）；青岛（1518 亿元）也超过了省会城市济南（1200 亿元）。

此外，国家宏观政策也对城市发展产生重要影响。深圳能够创造"一夜城"的奇迹，在 26 年间，由一个小渔村发展成为 GDP 达 2256 亿元的超大城市，经济规模仅次于广州（3001 亿元），成为广东省第二大经济强市，与优惠的特区政策和毗邻香港的区域位优势关系密切。

大连可资利用的政策优势有两个：一是沿海开放城市的政策优势；二是东北老工业基地振兴的政策优势。前者可以为大连吸引来巨额外资，后者可以为大连提供大量国内投资，从而加快大连国际城市建设步伐。

3. 经济路径

大连国际城市发展的经济路径有三个：一是口岸经济；二是服务经济；三是制造经济。

口岸经济是根据大连自身的港口优势、区位优势和国际国内经济形势而提出的一项利用口岸资源带动经济发展的战略构想。这项战略在"九五"期间就已实施，并取得很大成绩，大连港口、保税区和出口加工区建设都有了长足发展，由仓储、装卸、航运、加工、国际贸易、旅游、口岸服务等组成的口岸经济已具雏形。发展口岸经济，对大连国际航运中心、国际物流中心、国际贸易中心建设是一个很好的拉动。

服务经济是针对大连作为辽中南城市群的中心城市及东北亚地区国际城市这一职能定位而提出的。辽宁中南部地区是我国计划经济时期形成的国家级重工业基地，第三产业滞后在各城市中极为普遍，这限制了该区域经济的进一步发展。因此，大连应肩负起辽中南城市群甚至东北三省区域中心地的重任，大力发展第三产业，实施服务经济战略，在进一步强化贸易、旅游、会展、航运、仓储业等本市的强项三产部门的同时，着力发展科技服务、高等教育、金融证券、信息网络、代理咨询、商业、环保产业、房地产业等，形成庞大的第三产业体系，不仅使之成为大连城市经济的支柱，还为大连国际经济中心城市建设奠定基础。

制造经济是依据本书中国际城市的驱动力量和外部环境部分的理论阐述而提出的。如前所述，只有以作为制造业带的城市群为依托，国际城市建设才具有现实可行性。因此，辽中南制造业基地建设是大连国际城市发展的关键。辽中南城市群是环渤海城市群的三大子城市群之一（另外两个子城市群分别是京津唐城市群和山东半岛城市群），这里在计划经济时期曾是中国最重要的重型制造业基地。如今，大连可以借助国家振兴东北老工业基地的良机，调整产业结构，加快技术创新，改造传统产业，如原材料工业、农产品加工业等，发展新型制造业，如装备制造业，以及包括生物工程、海洋工程、信息工程在内的高新技术产业，加快辽中南制造业基地建设。

4. 文化路径

大连国际城市发展的文化路径的内涵较广，包含了科技路径和教育路径在内。

科技创新是国际城市发展的重要驱动力量。大连国际城市发展的科技路径就是构建全新的城市科技创新体系。大连拥有从事研发活动的企业 48 家，从事科技活动的人员达 11000 多人，研发人员 5372 人，科技活动经费 66 亿多元，科研有一定的基础。大连可以通过办好国家级创业中心园、留学生创业园，推进旅顺南路生物工程小区、大连医科大学微生态调节剂中试基地，建立大连技术交易市场，引入风险投资，广募海内外优秀高科技人才，进一步增强全市科技研发与创新能力，形成国家办、企业办、全民办科技的城市科技创新体系。

积极发展产业化高等教育。随着知识经济时代的到来以及我国经济发展、人口总量控制与人口素质提高，人们对高等教育的需求日益增大，潜在高等教育市场巨大。而我国高等教育产业化的时机业已成熟，加之国家科教兴国战略的实施，高等教育业必将成为新世纪各城市争相发展的成长型产业之一。2002年，大连拥有高等学校 18 所，专任教师 8924 人，在校生近 11.8 万人，高等教育有一定的基础，虽然比上海、北京、广州等城市逊色，但较秦皇岛、青岛、烟台、威海、深圳、珠海等沿海城市优越。加之城市环境优美，特别适合发展高等教育产业。若能围绕城市优势与特色，组建海洋大学、城市大学，办好财经大学，创建 2 至 3 所闻名国际国内的名牌大学，大连不仅会在我国高等教育市场上占据较大份额，而且城市发展也有可资利用的智力资源与经济与社会的组织核心。

大连自然博物馆、旅顺博物馆、现代博物馆等文博设施享誉海内外。大连有"服装城""足球城""田径之乡""游泳之乡"等盛名；大连的京剧团、大连杂技团的节目曾多次获国际大奖；大连足球队在国内甲 A 联赛中 7 次夺冠。同时，通过举办各种文化娱乐活动，如国际服装节等，加快中西文化的交流，发挥文化对经济的渗透和促进作用，陶冶居民性情，提高居民素质，加快国际城市建设。

5. 环境路径

环境路径可分为硬环境建设和软环境塑造两个子路径。

如前所述，在硬环境建设上，大连取得了举世瞩目的成就。大连把城市建设作为基础产业和龙头产业对待，将城市建设所涵盖的产业群进行链式开发，走产业化发展城市建设的道路，形成了包括建筑、设计、规划、园林绿化、公用事业、建材生产、装饰装修、邮电、通信、交通运输、仓储、房地产等部门在内的庞大的产业体系。自 1993 年以来，大连城市建设投入以年均约 22％的速度递增，近 6 年城建投入占 GDP 的比重均保持在 2％以上，创造了 10 万个就业机会，城建的投入产出比也达到了 1：5。1998 年，大连城市建设增加值占全市 GDP 的 19％强，2002 年超过了 22％。发达的城市建设产业链培育了新的经济增长点，造就了良好的城市环境，形成了巨大的聚集经济效益，从而拉动城市经济持续、快速、协调发展。实践证明，硬环境建设是大连国际城市建设的重要路径之一。

而软环境建设的核心就是建立市场经济条件下企业运行的新机制。

首先，明确政府与企业的职能定位。国家作为投资主体的地位日渐减弱，政府只能通过制度的确立和政策的制订，为产业发展创造一个有利的软环境；通过城市规划、建设与管理，为产业的发展提供一个好的环境；甚至以有限的财政收入作为启动投资，促进某个产业的发展。企业将成为未来经济发展的主角。如果说 20 世纪的中国是政府选择企业的时代，那么，21 世纪的中国必将是一个企业选择政府的时代。如果大连市政府能把经济发展的舞台搭建好，自然会有更多优秀企业来这里发展。正所谓"栽好梧桐树，不愁凤凰来"。

其次，加快国企改革，建立现代企业制度。企业经营的好坏，不能依赖企业家的技能与道德水准，而应以先进的企业制度作保证。现代企业制度是保证城市经济高速增长的重要条件之一。

最后，实施小政府、大社会的运作方式，充分利用市场机制，进行资源的优化配置，以有限的资源投入获取最大的经济效益。为此，将一切能够社会化、产业化运营的部门推向市场，如信息咨询业、金融保险业、科技教育业、文化娱乐业、城市规划业等；建立健全各类市场体系，如原材料市场、能源市场、资金市场、人才市场、技术市场、信息市场等，加快各类生产要素在区域间的自由流动。

7.3　大连国际城市的发展对策

如前所述，大连国际城市的发展，应以环境经济模式为主，以产品经济模式为辅，外生式发展模式与内生式发展模式并重，通过区位路径、政治路径、经济路径、文化路径和环境路径，采取正确的对策和措施，必将取得巨大的成绩。

7.3.1　依托辽中南城市群，发展城市体系

能否成为辽中南城市群的核心城市，是大连国际城市发展的关键。因此，大连要紧紧围绕辽中南城市群建设这个中心，加强大连的中心城市功能建设，并与城市群中的其他城市进行合理的分工与协作，通过政治、经济、科技、文化、信息诸方面的密切交流，使辽中南城市群形成一个整体。

作为辽中南城市群的中心城市，大连要采取分散式、多中心的城市总体布局，积极发展城市体系。

大连城市体系内各城区和卫星城要进行合理的职能分工。老市区建成为国际性商贸、金融、旅游、信息中心；新市区（金州新区）发展成为外向型产业基地；旅顺口区重点发展旅游、港口转运等第三产业和高新技术产业；瓦房店市建设成为以机械加工、轻纺建材和农副产品加工为主的工业城市；普兰店市建设成为以高效工业、精品农业和特色旅游为主的园林城市；庄河市建成为以机械、化工、纺织为主的工业和港口城市。

大连城市体系的空间布局要进行有序调整。最近修编的《大连城市总体规划（2001—2020）》指出，城市用地将向北拓展，使全市陆域面积13538平方千米中的4105平方千米纳入城市规划区范围，金州以南的规划面积为2600平方千米，占规划区总面积的62％，其余38％在金州以北的新开发区。城市总体布局应充分利用山体和水体，形成由中心城区、新城区、金州城区和旅顺口城区组成的组团式城市布局。为此，要控制由中山区、西岗区、沙河口区、甘井子区及旅顺组成的中心组团的规模，到2020年，其实际居住人口控制在355万人以内。同时，有序引导人口和产业向周围各组团转移，使外围组团的人口规模达到95万～100万人。

大连城市体系的总体布局格局是，以主城区为核心，沿黄海大道、沈大高速公路、旅顺南路、旅顺北路四条轴线向外延伸，以金州区、旅顺口区、瓦房店市、普兰店市、庄河市为次中心，以皮口镇、杨树房镇、安波镇、复州城镇、炮台镇、松树镇、复州湾镇、蓉花山镇、青堆子镇、黑岛镇、登沙河镇、石河镇、三十里堡镇、獐子镇、营城子镇为节点，形成"章鱼式"城镇体系布局格局。

7.3.2　扩展城市地域范围，增大中心城市规模，强化中心城市功能

从前文分析可知，达到一定的人口规模是国际城市发展的重要前提之一。依此来看，大连曾经提出过"不求最大，但求最好"的城市发展方针就需要修正。

据最新修编的《大连城市总体规划（2001—2020）》，全市陆域面积13538平方千米中的4105平方千米被纳入城市规划区，其中金州以南地区仅为2600平方千米为，占总规划面积的63％。在规划区内实行城乡统一规划和管理，合理利用山体、水体等自然分隔，形成由中心城区、新城区、金州城区和旅顺口城区组成的组团式城市布局（如图7-3所示）。

不仅要适度提高现有中心城市的规模，还要构建以中心城为核心、3个副中心城为支点、15个小城镇为基础的城市规模等级体系（如图7-4所示）。2002年，大连市辖区总人口为273万人，预计2005年达到280万人，2010年达到316万人，2020年将增至355万人，2020年，包括辖县在内的全市城市总人口为450万人（见表7-5）。

中心城市是城市群、城市带发展的核心和驱动源泉。随着中心城市人口规

模的扩大，大连的经济规模也会日益扩大，经济实力不断提高，城市的中心地
功能越来越强大，这对发挥大连作为辽中南城市群中心城市的功能及大连国际
城市建设，必将产生积极而又重要的影响。

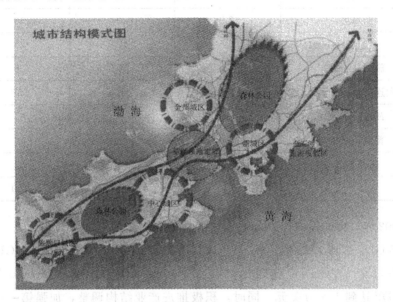

图 7-3　大连城市地域结构

图 7-4　大连的城市体系布局

表 7-5　大连城市人口规模体系预测　　　　　（人口：万人）①

城市（城区）	2005 年	2010 年	2020 年
主城区	208	220	260
新城区	27	40	45
金州城区	32	40	25
旅顺口城区	13	16	25
大连市辖区合计	280	316	355
瓦房店市区	—	—	35
普兰店市区	—	—	30
庄河市区	—	—	30
全市总计			450

　　2002 年，大连国内生产总值为 1406 亿元，人均 GDP 为 1068 元；预计 2005 年 GDP 达到 1922 亿元，人均 GDP 达到 4200 美元；2010 年全市 GDP 达到 3110 亿元，人均 GDP 达到 6700 美元；2020 年全市 GDP 达到 7400 亿元，人均 GDP 达到 1.4 万美元。同时，积极推进产业结构调整，加强第一产业，优化第二产业，大力发展第三产业，预计三次产业的比值，2005 年将达到 8：42.5：49.5，2010 年将达到 7：40.5：52.5，2020 年将达到 5：35：60，产业结构质量得到明显提高。

7.3.3　建立多渠道投融资机制，拓展城市建设产业链

　　在城市建设上，巨额的资金投入才能使城市环境质量得到明显改善。只有城市环境得到明显改善，城市经济才能快速发展，从而赢得丰厚的投资回报。因此，城市建设最大的制约因素就是资金不足。这是所有城市在建设过程中遇到的一个共同问题。

　　大连在经济发展与城市建设关系的协调及城建资金筹措上，应有所突破，有所创新，创立市场经济条件下多渠道、多层次的融资机制：积极利用外资，弥补城建资金的不足；对市政公用基础设施实行有偿使用，加快资金回收；贯彻直接受益、合理负担的原则，调动市、区、县、企业多方投资主体的积极

──────────

　　① 根据大连市统计资料推算得出。

性，形成人民城市人民建的良好风气。

把城市建设作为基础产业和龙头产业对待，将城市建设所涵盖的产业群进行链式开发，走产业化发展城建的道路，形成了包括建筑、设计、规划、园林绿化、公用事业、建材生产、装饰装修、邮电、通信、交通运输、仓储、房地产等部门在内的庞大的产业体系。大连城市建设产业已成为城市经济的重要组成部分。自 1993 年以来，大连城市建设投入以年均约 22% 的速度递增，近 6 年城建投入占 GDP 的比重均保持在 2% 以上，创造了 10 万个就业机会，城建的投入产出比也达到了 1 : 5。1998 年，大连城市建设增加值占全市 GDP 的 19% 强。

大连在这方面已积累了丰富的成功经验，今后应进一步大胆开拓，锐意创新，把城市建设产业做大、做强。

7.3.4　挖掘区位和港口优势，发展物流产业和港口经济

作为中国东北重工业基地的门户、环渤海经济圈的中心城市和欧亚大陆桥东桥头堡，大连的区位优势非常突出。而大连区位优势的发挥，则依赖于大连港口的建设与扩张。

大连是一个因港而兴、因港而盛的城市，港口建设是城市发展的主线。大连城市发展的百余年历史已经很好地诠释了这一点，在未来国际城市建设中，大连更应紧紧抓住这一核心。有资料显示，1998 年，经大连口岸进出口商品总值达 130 亿美元；大连港完成货物吞吐量 7515.1 万吨，居我国沿海港口第五位，其中外贸货物吞吐量 2578.2 万吨，居全国第五位；客运量 634.8 万人次，创历史新高；国际集装箱吞吐量 52.6 万标准箱。1998 年，保税区实现国内生产总值 12.5 亿元，工业总产值 6.7 亿元，市场交易额 62 亿元，进出口货物总额 8 亿美元，上缴海关关税 7 亿元。2000 年 4 月，大连出口加工区已获批准并投入运营。

相对于过去而言，大连今后在港口建设上的力度会进一步加大。1986 年至 2000 年这 15 年里，大连港用于港口建设的投资为 43 亿元，平均每年不足 3 亿元。而仅 2004 年这一年，大连港集团的港口建设投资就达到 50 亿元，列入计划的基本建设和技术改造项目达 44 项之多。在 30 万吨级原油码头、30 万吨级矿石码头、大窑湾 8 万吨级散粮进口码头、周水子机场改造、连台火车轮渡等重大建设项目的基础上，本市仍应将口岸建设作为基础设施建设的重点，

以大窑湾港为核心，扩大集装箱吞吐能力，培育物流运输体系，增强口岸服务功能，加强与国际著名船务公司及口岸间的合作，开辟更多的国际航运干线，使大连港成为重要的枢纽港，确立大连作为东北亚国际航运中心的地位。

建设国际航运中心只是大连发展口岸经济的前奏，是口岸经济的基础和保障，而建设自由港才是大连口岸经济的主题与核心。我国已加入 WTO，今后20 年内国际进出口贸易量将成倍增长，会出现一个全方位、多领域、深层次的对外开放格局。随着中国经济与世界经济的进一步融合，自由港建设必将被提上议事日程。而大连具有港口优势，历史上曾三次被设为自由港，具备了建设自由港的初步条件。俗话说，凡事预则立，不预则殆。大连应以超前的眼光，对自由港建设进行预测、谋划、规划和设计，一旦国家政策允许，便可捷足先登，在保税区和出口加工区的基础上建设一个自由港，这将对全市经济增长和国际城市建设产生极大的推动作用。

7.3.5 依托环境优势，发展贸易、旅游、会展业

如前所述，大连集临海优势和山地丘陵优势于一体，环境禀赋优越，是世界闻名的山水城市。同时，大连的城市规划、建设与管理成绩卓著，人文景观与自然景观协调，投资环境与居住环境俱佳，城市建设产业发达，使大连的自然环境优势得以充分发挥，城市环境优势更加突出。

通过发展城市建设产业，大连的人居环境水平不断提高，城市形象得以提升，城市品牌逐渐形成，城市在国内外的知名度越来越高。在此基础上，以商贸、旅游、会展业为重点的第三产业也得以迅速发展。沃尔玛、家乐福等国际连锁经营的特大型超市在大连落户；全国唯一的进口轿车常设展厅在保税区建成使用；近百万吨的南岭国家粮食储备库和北良港粮食专用码头的建成，为本市成为东北亚地区最大的粮食仓储、中转、加工、贸易中心奠定了基础；大连商品交易所粮食期货交易额达 6422 亿元。通过开展国际服装节、烟花爆竹迎春会、赏槐会、旅游购物到大连等活动，有力地推动了旅游业发展。1999 年全市共接待海内外游客 2026 万人次，旅游总收入达 90 亿元；共举办各类展会53 个，交易额 298 亿元。虽然大连在发展贸易、旅游、会展业方面取得了举世瞩目的成就，但与东北亚地区国际城市的要求还有差距，今后应进一步拓宽、延长产业链，将这类产业发展成为城市经济的支柱产业。

7.3.6　外生式模式与内生式模式并重，加快国际城市发展

与国内众多沿海城市一样，大连国际城市的发展，既要重视引进外资，借助外部资源，盘活城市自有资源，启动城市经济发展的良性循环，更应注重城市自身素质的培育和提高，走城乡共荣的、可持续发展的道路。

改革开放以来，大连在扩大开放上始终走在全国各城市前列。1984 年被列为中国 14 个沿海开放城市之一，先后建成了开发区、保税区、金石滩国家旅游度假区和高新技术产业园区，初步形成全方位、多层次、宽领域的对外开放格局，这为大连国际城市发展产生了巨大的推动作用。

其一，扩大对外开放，为大连带来巨额外资。1998 年，全市累积批准外资项目 7549 个，合同金额 159 亿美元，其中实际利用外资 67 亿美元，年自营出口额 34 亿美元；2002 年，全市新签协议合同 832 份，外商合同投资额 30 亿美元，其中实际利用外资 16 亿美元。

其二，扩大对外开放，为大连带来诸多商机。1997 年大连已与 85 个国家和地区建立了经贸关系，与 150 个国家和地区建立了国际结算网络，拥有外资金融机构 27 家，外资银行存贷款总额在我国北方城市中名列前茅。

其三，扩大对外开放，提高了大连的国际知名度。大连是世界著名的商贸、旅游城市，曾获 1999 年联合国"人居奖"、2001 年联合国环境"全球 500 佳"城市、联合国亚太地区环境治理先导城市等殊荣，每年一度的大连国际服装节、烟花爆竹迎春会、国际马拉松赛等活动也享誉海内外。

今后，大连应继续扩大对外开放，加大招商引资力度，巩固日本、韩国、俄罗斯等传统市场，开拓欧洲市场，建立更广泛的对外经济技术联系，积极引进外企，特别是制造型跨国公司总部、国际金融机构、跨国贸易公司总部等，依托辽中南制造业基地建设，培育大连的总部经济，加快大连国际城市发展步伐。

在采用外生式模式发展国际城市上，大连取得了成功的经验。但外生式模式的缺陷也不容忽视：城市发展受制于外部资源；城市发展与周围区域脱节或割裂；短期内引进大量外资，城市债务负担沉重。这些都会危及城市的长远利益和健康发展。今后，大连国际城市的发展也应充分发挥内生式发展模式的优点：加强中心城市与其腹地的联系，形成城市—区域统一体，实现城乡共同繁荣；树立长期性、战略性发展目标，积极保护或提升城市—区域统一体的质

量，鼓励创新的理论与实践；通过与其他城市的密切合作形成城市网络，在城市之间建立适度竞争、广泛合作、共同发展的关系，从而掌握自身的前途与命运，增强城市竞争力，完成国际城市发展的历史使命。

诚然，大连国际城市建设的对策有很多，如东北老工业基地的振兴、城市市场经济体制的完善、科技创新与居民文化素质的提高等。限于篇幅，本文只就上面提出的六大对策进行较深入的探讨，至于其他对策，希望以后有机会在其他课题及专著中详细论述。

参 考 文 献

[1] 蔡来兴.国际经济中心城市的崛起.上海：上海人民出版社.1995

[2] 朱庆芳等编.世界大城市社会指标比较.北京：中国城市出版社.1997

[3] 李翔等.经济中心运行轨迹的透视.成都：四川人民出版社.1989

[4] 陈秀山.中国区域经济问题.北京：商务印书馆.2005

[5] 周牧之.托起中国的大城市群.北京：世界知识出版社.2004

[6] 姚士谋等.中国的城市群.合肥：中国科学技术大学出版社.1992

[7] 顾朝林等.中国城市地理.北京：商务印书馆.1999

[8] 周一星.城市地理学.北京：商务印书馆.1997

[9] 冯云廷.城市聚集经济.大连：东北财经大学出版社.2001

[10] 李小建.经济地理学.北京：高等教育出版社.1999

[11] 姚为群.全球城市的经济成因.上海：上海人民出版社.2003

[12] 谢文蕙等.城市经济学.北京：清华大学出版社.1996

[13] 周一星.城市地理学.北京：商务印书馆.1997

[14] 于洪俊等.城市地理学.合肥：安徽科技出版社.1983

[15] 董克用主编.公共治理与制度创新.北京：中国人民大学出版社.2004

[16] 倪鹏飞主编.城市竞争力蓝皮书：中国城市竞争力报告.北京：社会科学文献出版社 2003

[17] 李丽萍.城市人居环境.北京：中国轻工业出版社.2001

[18] 贾蔚文等.技术创新——科技与经济一体化的发展道路.北京：中国经济出版社.1994

[19] 叶裕民.中国城市化之路.北京：商务印书馆.2001

[20] 吕政主编.中国能成为世界工厂吗.北京：经济管理出版社.2003

[21] 吕玉印.城市发展的经济学分析.上海：上海三联书店.2000

[22] [美] 约翰 M. 利维.现代城市规划.北京：中国人民大学出版社.2003

[23] [英] 保罗·贝尔琴等.全球视角中的城市经济.长春：吉林人民出版社.2003

[24] [英] 巴顿.城市经济学——理论与政策.北京：商务印书馆.1984

[25] [英] P. 霍尔.世界大城市.北京：中国建筑工业出版社.1982

[26] 联合国人居中心.城市化的世界.北京：中国建筑工业出版社.1999

[27] 中国城市统计年鉴 2003.北京：中国统计出版社.2004

[27] 杨重光．中国对外开放与城市国际化．城市问题．1992 年第 2 期

[28] 徐巨洲．对我国国际性城市的思考．城市规划．1993 年第 3 期

[29] 顾朝林．经济全球化与中国国际性城市建设．城市规划汇刊．1999 年第 3 期

[30] 汤东风等．国际性城市初探．城市开发．1991 年第 12 期

[31] 上海城市发展应定位为"世界城市"．同济大学课题组．国研网

[32] 辛章平．国际化城市理论的基本要义．城市问题．1996 年第 3 期

[33] 肖耀球．国际性城市评价指标体系研究．管理世界．2002 年第 4 期

[34] 李国平．世界城市格局演化与北京建设世界城市的基本定位．城市发展研究．2000 年
     第 1 期

[35] 徐巨洲．对我国发展国际性城市的思考．城市规划．1993 年第 3 期

[36] 蔡建明等．界定世界城市的形成．国外城市规划．2002 年第 5 期

[37] 周汉民．世博会是上海建设国际化大都市的重要契机．城市规划汇刊．2004 年第 2 期

[38] 张敦富．大连国际性城市发展研究总报告．2000 年内部打印稿

[39] 傅家骥等．企业技术创新：推动知识经济的基础和关键．科技日报．1998 年 8 月 1 日

[40] 柳卸林．技术创新经济学．中国经济出版社．1993

[41] 董光壁．21 世纪的科学与中国．中国科学院网站

[42] 葛岳静．城市带形成与发展中的产业转换力．城市问题．1990 年第 3 期

[43] 茅于轼．城市规模经济．安徽信息网．2003 年 1 月 30 日

[44] 崔功豪．当前城市与区域规划问题的几点思考．南京城市规划网．2002 年 11 月 1 日

[45] 李丽萍等．试论城市经营的本质．城市发展研究．2003 年第 1 期

[46] 许丰功等．西方大都市政府的管治及启示．城市发展与研究中心网页．2003 年 11 月

[47] 李壮松．美国市政体制的确立及其成因．城市研究．2002 年第 6 期

[48] 李丽萍．大连国际性城市发展环境经济模式．城市发展研究．2001 年第 1 期

[49] 李丽萍．试论城市经营的两种模式．北京规划与建设．2001 年第 5 期

[50] 胡兆量．香港——珠三角城市群的龙头．城市问题．2004 年第 2 期

[51] 黄勇等．美国大都市区的协调管理及其启示．决策咨询．2001 年第 2 期

[52] 吴传清．概览世界城市群．西南大学网

[53] 王何等．我国三大都市圈中心城市功能效应比较．城市规划汇刊．2003 年第 2 期

[54] 李丽萍、张伟．国外城市基础设施的市场化管理．济南行政学院学报．2004 年第 2 期

[55] 王小鲁、夏小林．中国需要何种规模的城市．中国经济网浙江中心

[56] 张敬淦等城市经营研究（内部打印稿）

[57] 慕海平．中国制造业发展前景．宏观经济研究．2003 年第 2 期

[58] 田贵明．港口型国际大都市的特征和天津的战略思考．天津市政府网站

[59] 周一星．城城联手构筑国际城市．中国城市网

[60] 曹玉进、张维．我国国际化大都市发展趋势研究．城市联合信息网

［61］陈维 . 上海：现代化国际大都市魅力的培育与比较 . 上海经济研究 . 2002 年第 2 期

［63］J. Friedmann & G. Wolff (1982) . World city formation：an agenda for research and action. International Journal of Urban and Region Research. Vol. 6 No. 3

［64］Friedmann. J. Where we stand：a decade of world city research. World cities in world system. edited by Knox. P. L. & Talor. P. J. Cambridge University Press. 1993

［65］Friedmann，J. The world city hypothesis. Development and change 17 (1) . 1986

［66］S. Sassen. The Global City. Table 7. 3. Princeton University Press. New Jersey. 1991

［67］John Friedmann. Planning Global Cities：A Model for an Endogenous Development. 中译文发表在 2002. 城市规划汇刊 . 2004 年第 4 期

［68］Friedmann J. The world city hypothesis. Development and change. 17 (1) . 1986